34 Farb foto

Norbert Schwirtz · Winfried Wisniewski

Schweden – Finnland
Landschaften, Tiere, Pflanzen

Norbert Schwirtz
Winfried Wisniewski

Schweden – Finnland

Landschaften, Tiere, Pflanzen

Landbuch

Fotos:

Jan Arve Dak, Seiten 30 unten, 127
Norbert Schwirtz, Seiten 34, 35, 47 unten, 62, 79, 135
Winfried Wisniewski, Seiten 19, 23, 27, 30, 31, 38, 39,
42, 43, 47 oben, 55, 63, 71, 75, 87, 98,
99, 103, 111, 115, 123, 143, 146, 147

Zeichnungen: Ulrich Ewald

Landbuch-Verlag GmbH, Hannover, 1990

Lektorat: Dr. Helge Mücke, Hannover
Farblithos: ReproDukt GmbH, Langenhagen
Satz, Druck und buchbinderische Verarbeitung
Landbuch-Verlag GmbH, Hannover

ISBN 3 7842 0442 2

Inhaltsverzeichnis

Einleitung

Aus der Stadtwohnung ins Apartmenthochhaus mit See-
blick, von der Parkplatzsuche in der City in den Stau auf
der Strandpromenade, statt Sonntagsspaziergang in der
Agrarsteppe Sonnenbad am übervölkerten Strand –
Urlaubszeit! Wirklich die schönste Zeit? Immer mehr
Menschen „wenden sich mit Grausen" und suchen für
die kostbarsten Wochen des Jahres eher die Stille eines
einsamen Waldsees oder das Panorama eines uner-
schlossenen Gebirges. Die dünnbesiedelten Länder im
Norden Europas bieten solche Naturerlebnisse noch,
wenngleich Landschaftsverbrauch und Umweltver-
schmutzung auch an ihren Grenzen nicht haltgemacht
haben.
Doch bei der Vorbereitung seiner „Flucht" in die Natur
sieht sich der erwartungsfroh gestimmte Tourist jäh
alleingelassen. Die Broschüren der Fremdenverkehrsämter und die meisten Reiseführer über Skandinavien
sind nach demselben Muster gestrickt wie etwa solche
über die Mittelmeerländer: Kunst- und Kulturge-
schichte, Feste und Brauchtum, Sprachtips, Wirtschaft,
Verkehr – Schluß. Wer etwas über Flora und Fauna des
Landes erfahren möchte, wird in der Regel mit zweiein-
halb Seiten abgespeist und dabei nicht selten falsch
informiert.

Dieses Buch behandelt die südlich des Polarkreises liegenden Teile
von Schweden und Finnland. Die Landesteile nördlich des
Polarkreises sind im LB-Naturführer „Lappland" behandelt.

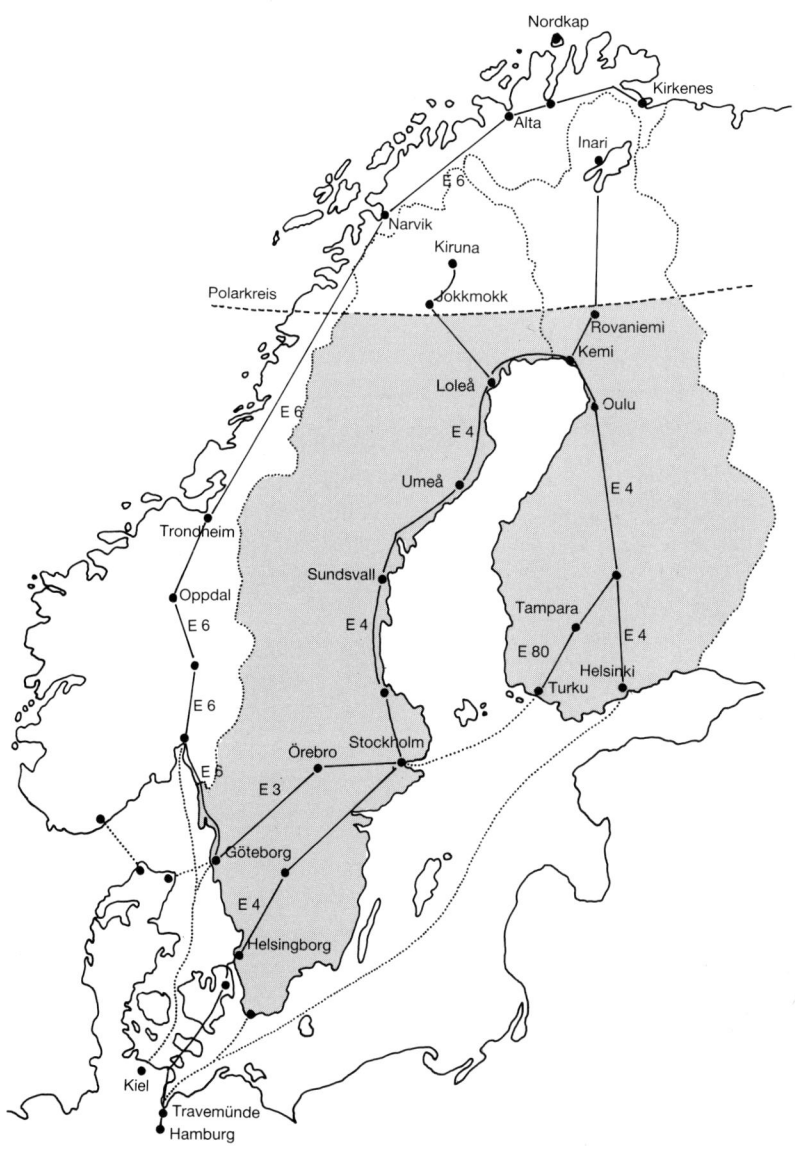

In diesem Naturreiseführer für Schweden und Finnland stehen Landschaften, Tiere und Pflanzen im Mittelpunkt. Dabei soll der Leser einerseits die Gelegenheit erhalten, sich einen allgemeinen Überblick zu verschaffen. Dazu dienen Kapitel über Großlandschaften, Karten und Artenlisten. Zum anderen soll er das Phantastische und Außergewöhnliche des Raumes in Kapiteln erfahren, in denen die Autoren aus sehr persönlicher Sicht ausgesuchte Einzelphänomene vorstellen, etwa die Balz der Birkhähne auf Finnlands Mooren oder die Massenvermehrung der schwedischen Elche. Schließlich soll dieses Buch dem Leser Hilfen geben, sich in Wald und Fjäll zurechtzufinden und so zu verhalten, daß weder er noch die Natur Schaden nehmen.

Schweden—Finnland –
Fakten, Zahlen: knapp gefaßt

Schweden

Schweden ist 449 964 km² groß. Die Siedlungsdichte beträgt 18 Einwohner pro m². 38 459 km² sind von Binnenseen bedeckt, das sind 8,54 % der Staatsfläche. Das Land erstreckt sich über etwa 1580 km in Nord-Süd-Richtung und ist bis zu 400 km breit. Der nördlichste Punkt ist das Dreiländereck („Treriksröset") mit Norwegen und Finnland auf 69°4' N, der südlichste Punkt das Kap Smygehuk auf 55°20' N. Die Landesgrenze mit Norwegen ist 1619 km, die mit Finnland 586 km lang. Seit alter Zeit unterscheidet man 25 schwedische „Landschaften", die zu drei Großregionen zusammengefaßt werden: Norrland, Svealand und Götaland. Verwaltungstechnisch ist der Staat dagegen in 24 Provinzen („läns") aufgeteilt.

Landschaftliche Gliederung

In Schweden lassen sich, stark vereinfacht, folgende Hauptregionen unterscheiden: die kaledonische Gebirgskette, das nordschwedische Hochland, das südschwedische Hochland, das mittelschwedische Tiefland und das Küstentiefland am Bottnischen Meerbusen (s. Kartenskizze).

Die kaledonische Gebirgskette

Die höchsten Erhebungen dieses auch „Skanden" genannten Gebirges liegen mit dem Kebnekaise (2 117 m) und den Gipfeln im Sarek-Nationalpark (bis zu 2 090 m) in der Mitte und im Norden. Große Teile der in Schweden auch „Kjölen" genannten Skanden sind mit Fjäll und Kalfjäll bedeckt.

Das nordschwedische Hochland

Dieses auch als Norrland-Terrain bezeichnete Bergland fällt von der Ostseite der kaledonischen Gebirgskette sanft nach Süden und Südosten ab. Der größte Teil liegt in Höhen zwischen 200 und 500 m. Es wird im Osten von der bottnischen Küstenebene und im Süden vom mittelschwedischen Tiefland begrenzt. Es ist überwiegend mit Wald bedeckt.

Das südschwedische Hochland

Das südschwedische Hochland läßt sich in eine nördliche und eine südliche Zone einteilen. Die nördliche Zone schließt sich südlich an das mittelschwedische Tiefland an und weist beachtliche Höhenunterschiede auf. Das Gebiet um den südlichen Vättersee hat plateauähnlichen Charakter und ist bis 378 m hoch. Die südliche Zone ist nur bis zu 150 m hoch und hat ein ausgesprochen flaches Relief.

Die Tiefländer

Rund um die Ostsee erstreckt sich eine schmale Küstenebene, der bottnische Küstensaum. Nur in der geographischen Mitte Schwedens ist dieses Tiefland unterbrochen; denn hier reicht das Norrland-Terrain direkt bis ans Meer. Südlich davon geht die Küstenebene in den nördlichen Teil des mittelschwedischen Tieflandes über. In der Mitte dieser Landschaft liegt die Seenplatte von Sörmland. Nördlich davon und südlich des Vänersees ist die Landschaft extrem flach.

POLARKREIS

Luleå

Umeå

Östersund

Sundsvall

Örebro

Stockholm

Göteborg

Helsingborg

Malmö

Großlandschaften in Schweden
(Nach Atlas över Sverige. vereinfacht)

das kaledonische Gebirge

das nordschwedische Hochland

das südschwedische Hochland

das südschwedische Tiefland mit bottnischem Küstensaum

das mittelschwedische Tiefland

Finnland

Finnland bedeckt eine Fläche von 337 964 km². Die Siedlungsdichte beträgt 16,2 Einwohner pro m². Finnland erstreckt sich in Nord-Süd-Richtung über 1 160 km. An der breitesten Stelle mißt es 540 km. Die Landesgrenze mit Schweden ist 586 km, die mit der Sowjetunion 1269 km lang. Die Küstenlinie beträgt 4 600 km, ohne Buchten und Landzungen nur 1100 km. Es gibt 179 584 Inseln. In Finnland bedecken die Binnenseen etwa 10 % der Landesfläche. Zählt man als See alle Gewässer über 200 m Durchmesser, kommt Finnland auf genau 187 888 „Seen".

Landschaftliche Gliederung

Großräumig können in Finnland folgende Landschaften unterschieden werden: der Küstensaum, die Seenplatte, das mittelfinnische Hügel- und Bergland und Lappland (siehe Kartenskizze).

Der Küstensaum

Der Küstensaum ist reich an Schären, Halbinseln und Buchten. Es handelt sich um eine etwa 30 bis 40 km ins Land reichende Tieflandzone. Die tonigen und sandigen Ebenen werden als Ackerland genutzt. Die Erhebungen sind nicht mehr als 50 m hoch und meist mit Wald bestanden. Der Ackerbau nimmt nach Norden hin ab.

Die Seenplatte

Das Gebiet der Seenplatte wird durch Wald und Wasser geprägt. Es erstreckt sich über eine Fläche von mehr als 100 000 km² von der bottnischen Küste bis zur sowjetischen Grenze. Im Norden grenzt es an das mittelfinni-

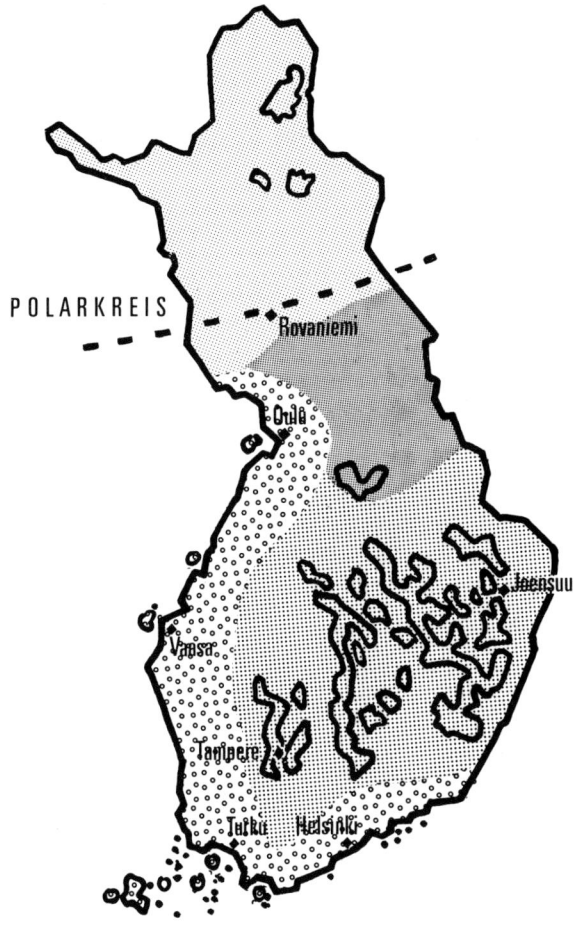

Großlandschaften in Finnland (Nach Bonin, V. von u. W. Nigg 1973)

Lappland

die finnische Seenplatte

mittelfinnisches Hügel-
und Bergland

bottnischer und südlicher
Küstensaum

sche Hügelland. Unzählige große und kleine Wasserflächen sind in Buchten, Landzungen, Halbinseln und Inseln mit dem Land verzahnt. Die Seen sind durch Flußläufe und natürliche Kanäle miteinander verbunden. Im Osten liegt das Saimasee-System, das eine Fläche von etwa 1 760 km^2 einnimmt und zum Ladogasee hin entwässert wird. Der mittlere Teil der Seenplatte wird vom System des Päijännesees beherrscht, dessen Abfluß, der Kymijoki, in den Finnischen Meerbusen mündet. Im Westen liegt das relativ kleine System des Näsisees, das in den Bottnischen Meerbusen fließt. Die Seen sind mit unter 100 m Tiefe allesamt sehr flach.

Das mittelfinnische Hügel- und Bergland

Nur die Tatsache, daß Finnland insgesamt ein ausgesprochenes Tiefland ist, läßt die Bezeichnung „Bergland" für diesen Teil des Landes als nicht übertrieben erscheinen. Die Landschaft steigt vom Oulusee im Süden nach Norden und Osten langsam an, wo sie Höhen von 300 bis 400 m erreicht. An der sowjetischen Grenze ragen die Bergkämme mit 600 m schon über die Waldgrenze hinaus. Die Zahl der Seen nimmt nach Norden schnell ab, Wälder mit zahlreichen eingestreuten Sümpfen und Mooren beherrschen die Landschaft.

Lappland

Finnisch-Lappland umfaßt ein Drittel der Landesfläche. Die Oberflächenform ist kaum von der des Mittelfinnischen Berglandes unterschieden. Ein breiter Höhenrükken, der Maanselkä, durchzieht das Land in west-östlicher Richtung. In einer tiefen Senke liegt der 1085 km^2 große Inari-See. Er ist von 3 000 Inseln durchsetzt und von zahlreichen Mooren und Sümpfen umgeben.

Warum ein Naturreiseführer über Schweden−Finnland?

Dieses Buch ist das zweite in einer auf drei Bände angelegten Reihe von LB-Naturreiseführern über den skandinavischen Raum. Dabei ist es eigentlich nicht richtig, im Zusammenhang mit Finnland von Skandinavien zu sprechen. Skandinavien besteht, streng genommen, nur aus der skandinavischen Halbinsel, die von Norwegen und Schweden gebildet wird. Da aber sowohl Landesnatur als auch Klima in Schweden und Finnland sich ähnlicher sind als in Schweden und Norwegen, haben wir es vorgezogen, Schweden und Finnland als einen zusammenhängenden Naturraum zu betrachten und sie in diesem Buch als Einheit vorzustellen. Wegen seiner Sonderstellung als unbesiedelte Wildnis im äußersten Norden „Skandinaviens" ist Lappland in einem bereits erschienenen Landbuch-Naturreiseführer ausgiebig behandelt worden. Der dritte Band soll das im wesentlichen durch unwirtliche Hochgebirge und lange Küstenlinien geprägte Norwegen zum Thema haben.

Schweden−Finnland − altes Land im Norden Europas

Norwegen, Schweden und Finnland bilden zusammen mit Sowjetisch-Karelien und der Halbinsel Kola die naturgeographische Einheit Fennoskandien. Das ist ein Stück sehr alter Erdkruste mit verhärteten Gesteinen, die bis zu 1,8 Milliarden Jahre alt sind. Granite, Gneise und andere kristalline Gesteine herrschen vor.

An der Atlantikküste im Westen liegt das kaledonische Gebirge, auch Skanden genannt. Es erstreckt sich vom äußersten Norden Lapplands bis zur Südspitze Norwegens und ist damit doppelt so lang wie die Alpen, allerdings nur gut halb so hoch. Es hat sich vor etwa 300 Millionen Jahren aufgefaltet und ist damit sechsmal so alt wie die Alpen. Seine höchsten Gipfel erreichen in Südnorwegen fast 2 500 m und in Schweden mit dem Gipfel des Kebnekaise 2 117 m. Der bei weitem größte Teil dieses Gebirges liegt in Norwegen, doch reichen große Gebiete nach Schweden hinein. Die Skanden heißen hier „Kjölen" (deutsch: Kiel). Die Gebiete des Kjöl, die in der Nähe der Waldgrenze liegen, schreiben die Schweden Fjäll (norwegisch: Fjell), die oberhalb der Baumgrenze liegenden Bereiche heißen „Kalfjäll". Finnland hat nur im äußersten Nordwesten Anteil am skandinavischen Gebirge. Der Haltiatunturi ist mit 1 328 m der höchste Berg des Landes.

Östlich des mächtigen Randgebirges, der Skanden, liegen sehr alte Gebirge, die im Laufe der Erdgeschichte wieder eingeebnet worden sind: z. B. die Bjelomoriden, die Saamiden, die Kareliden, die Svekofenniden und die Gotiden. Sie sind benannt nach den Regionen, in denen die Geologen ihre Spuren gefunden haben. Zwar sind die Reste dieser ehemaligen Gebirge noch bis zu 1 000 m hoch, doch sind ihre Reliefs so flach, daß sie kaum noch den Eindruck eines Gebirges erwecken, sondern eher wie sanft gewölbte Hochflächen wirken.

Die Oberfläche Schwedens und Finnlands ist unüber-

Waldsee im nordschwedischen Hochland (bei Arjeplog).

sehbar von den Eiszeiten geformt. Zum Höhepunkt der Vereisung bedeckte ein bis über 2 000 m mächtiger Eispanzer das Land. Die Gletscher haben das Relief stark eingeebnet. Dabei sind weiträumige Grundmoränenflächen, langgestreckte Endmoränenzüge, buchtenreiche Schärenküsten und zahlreiche Seen entstanden. 8,5 % der schwedischen Landesfläche sind von Süßwasser bedeckt. Die größten Seen liegen in der mittelschwedischen Senke: Väner-, Vätter-, Mälar und Hjälmarsee. Einen noch größeren Anteil an der Landesfläche haben die Seen in Finnland, es gibt allein im Süden des Landes rund 70 000.

Das Klima – günstig durch den Golfstrom

Das Klima Schwedens und Finnlands wird im wesentlichen durch zwei Faktoren geprägt:
1. Aufgrund der Lage zwischen dem 55. und 70. Grad nördlicher Breite ist der Energiegewinn durch Sonneneinstrahlung niedriger als der Verlust durch Ausstrahlung.
2. Beide Länder liegen in relativer Nähe zum Nordatlantik und damit zum Golfstrom, der mit seinen warmen Luft- und Wassermassen die Küste Norwegens entlang bis ins Eismeer hineinreicht.

Der Golfstrom macht einen Teil des durch die nördliche Breite bedingten Energiedefizits wieder wett und sorgt für ein Klima, das, bezogen auf die geographische Lage, sehr günstig ist. Die Winter sind mehr als 10 °C und die Sommer rund 2 bis 4 °C wärmer als auf der gleichen Breite in Nordamerika oder Asien.

Obwohl die Skanden eigentlich eine wirkungsvolle Barriere gegen den Einfluß des Meeres im Westen bilden, ist das Klima Schwedens und Finnlands noch maritim geprägt, allerdings nimmt die Kontinentalität von Westen nach Osten zu. So steigt die Amplitude zwischen der Durchschnittstemperatur des kältesten und des wärmsten Monats in diese Richtung erheblich, was die Beispiele von Orten zeigen, die etwa auf gleicher Breite ($\pm 64°$) liegen: Trondheim (Norwegen, westlich der Skanden) 14°C, Östersund (Schweden) 22°C, Kajaani (Finnland) 26°C. Im Vergleich mit Nordamerika und -asien wird die Maritimität und die Begünstigung des skandinavischen Klimas noch deutlicher: Churchill (59° N / 94° W) an der kanadischen Hudson Bay weist 41 °C, Kondinskoje (62° N / 66° O) am sibirischen Ob 39 °C Amplitude auf, für die jeweils die sehr niedrigen Durchschnittstemperaturen der Wintermonate von unter $-20°C$ verantwortlich sind.

Die pflanzengeographischen Regionen

Der europäische Norden ist dank des Golfstroms der klimatisch am meisten begünstigte Raum der kühlgemäßigten Zone. Daher erstreckt sich der Wald in Nordeuropa viel weiter nach Norden als in anderen Regionen der nördlichen Hemisphäre, von einigen Teilen Zentralsibiriens abgesehen. Die sonst gültige Regel, daß Waldsäume inmitten eines Kontinents weiter nach Norden reichen als an der Meeresküste, wird damit durchbrochen.

Trotz des günstigen Klimas sind Flora und Fauna im Norden Europas relativ artenarm. Der Grund dafür ist die starke Vereisung, die vor etwa 2 Millionen Jahren begonnen und erst vor 10 000, ja mancherorts erst vor 2 000 Jahren geendet hat. Zum Höhepunkt der Vereisung war nahezu ganz Fennoskandien von Inlandeis bedeckt. Lange vor der endgültigen Vereisung hatten sich Pflanzen und Tiere nach Süden in wärmere Gefilde

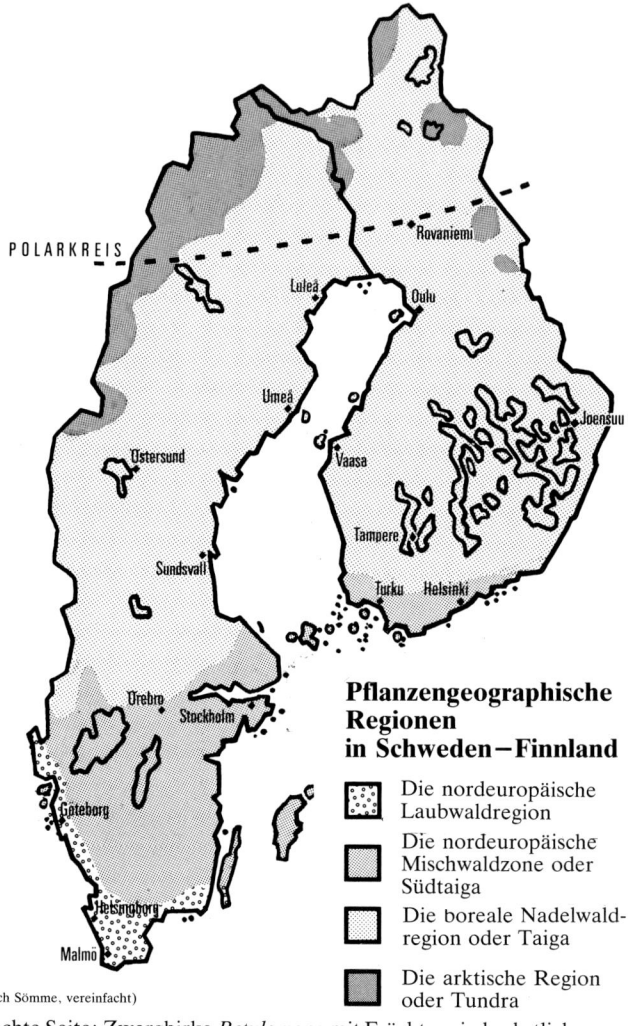

POLARKREIS

Rovaniemi

Luleå

Oulu

Umeå

Vaasa

Joensuu

Östersund

Sundsvall

Tampere

Turku Helsinki

Örebro
Stockholm

Göteborg

Helsingborg

Malmö

**Pflanzengeographische
Regionen
in Schweden—Finnland**

Die nordeuropäische
Laubwaldregion

Die nordeuropäische
Mischwaldzone oder
Südtaiga

Die boreale Nadelwald-
region oder Taiga

Die arktische Region
oder Tundra

(Nach Sömme, vereinfacht)

Rechte Seite: Zwergbirke *Betula nana* mit Früchten, in herbstlicher
Färbung.

22

zurückgezogen. Nur Organismen, die dazu nicht in der Lage waren, blieben am Ort und gingen zugrunde. Wie im heutigen Grönland haben aber mit großer Wahrscheinlichkeit einzelne Berggipfel, die man mit einem Eskimowort als Nunataks bezeichnet, aus dem Eisschild herausgeragt und Rückzugsgebiete für einige wenige Arten gebildet. Von hier aus konnte die Wiederbesiedlung der Region gleich nach dem Ende der Vereisung sehr schnell erfolgen, während gleichzeitig Arten, die ausgewichen waren, von Süden her wiedereinwanderten. Diese Theorie, nach der während der Eiszeiten Organismen in isolierten Refugien überdauern konnten, wird von Biologen befürwortet, von Geologen aber vielfach heftig bestritten.

In Schweden und Finnland kommen im wesentlichen vier pflanzengeographische Regionen vor, die, stark vereinfacht, in der Kartenskizze dargestellt sind. Davon haben die beiden südlichen flächenmäßig einen geringen Anteil an der Landesfläche und sollen deshalb hier nur kurz charakterisiert werden.

Die arktische Region oder die Tundra

Wenn man unter „arktischer Region" ganz schematisch das Gebiet nördlich der polaren Baumgrenze versteht, dann hätte Fennoskandien nur mit ganz wenigen Inseln und Halbinseln vor dem nordnorwegischen Festland Anteil daran. Neben der arktischen Tundra, dem Tundral, gibt es aber auch baumlose Zonen in den Hochgebirgen oberhalb der Baumgrenze, die alpine Tundra oder das Oreal. An vielen Stellen geht die arktische Tundra in die alpine Tundra über, etwa in den Rocky Mountains Alaskas und Kanadas, im Ural und vor allem im skandinavischen Hochgebirge, den Skanden. Hier

24

hat diese Bergtundra sogar einen eigenen Namen: im Norwegischen „Fjell", im Schwedischen „Fjäll". Das Fjäll bedeckt einen großen Teil Norwegens und reicht an der Ostabdachung des Randgebirges weit nach Schweden hinein. In Finnland sind nur geringe Teile im Norden von Tundra bedeckt.

Die abiotischen Bedingungen in der Tundra sind extrem: Die Julitemperaturen betragen im Mittel – je nach geographischer Lage – nur zwischen 2 und 10 °C. Im Winter sinken die Temperaturen auf -40 bis -50 °C ab. Maximal vier Monate dauert in Abhängigkeit von der Sonneneinstrahlung die Vegetationsperiode.

Trotz dieser widrigen klimatischen Bedingungen beherbergt die Tundra eine Fülle von Pflanzenarten. Die höher gelegenen trockenen Partien sind mit Flechten, Gräsern und Zwergstrauchheiden bedeckt. Hier wachsen Moose *Polytrichum*, *Dicranum*, Flechten *Cladonia* und *Cetraria*, Rauschbeere *Vaccinium uliginosum*, Krähenbeeren *Empetrum*, Bärentrauben *Arctostaphylos*, Zwergbirke *Betula nana*, Alpensilberwurz *Dryas octopetala*, verschiedene Steinbrecharten *Saxifraga*, Stengelloses Leinkraut *Silene acaulis*, mehrere Läusekrautarten *Pedicularis* und etliche Gräser, z. B. *Poa alpina* und *Poa glauca*.

In ebenem Gelände kann das Oberflächenwasser nicht abfließen und wegen des lange gefrorenen Bodens nicht versickern. Es bilden sich Flach- oder Palsamoore mit Fieberklee *Menyanthes trifoliata*, Sumpfblutauge *Potentilla palustris*, Seggen *Carex* und Wollgräsern *Eriophorum*.

Nur gut angepaßte Arten konnten einen so extremen Lebensraum besiedeln. Die wurzellosen Flechten sind typische Pionierpflanzen und aufgrund ihrer hohen

Trockenresistenz klar im Vorteil. Sie können überaus verschiedene Substrate besiedeln und Wasser über die gesamte Oberfläche aufnehmen. Nach den langen Wintermonaten beginnen Flechten früher zu wachsen als andere Pflanzen.

Auch die Blütenpflanzen haben sich perfekt an die unwirtlichen klimatischen Bedingungen angepaßt: Sie schmiegen sich eng an den Boden an oder wachsen in dichten Polstern oder Rosetten und sind deshalb gegen trockenen und kalten Wind gut geschützt. Innerhalb solcher Pflanzenbestände stellt sich so ein sehr günstiges Kleinklima ein. Gegen Feuchtigkeitsverluste haben sie – ähnlich den Wüstenpflanzen – reduzierte Blattspreiten, dicke Blatthäute und flaumig behaarte Stengel und Blätter entwickelt, die gleichzeitig die wenige Wärme gut speichern können.

Ähnlich erfolgreich wie die Pflanzen haben sich die Tiere auf die extremen Klimabedingungen eingestellt. Der am stärksten lebensbedrohende Faktor ist für alle gleichwarmen Tiere ohne Zweifel die Winterkälte und der mit ihr verbundene Nahrungsmangel. Infolge ihrer Flugfähigkeit sind Vögel, die hier brüten, mobil und suchen fast ausnahmslos wärmere und nahrungsreichere Winterquartiere auf. Nur Alpen- und Moorschneehuhn – und gelegentlich Schnee-Eule und Kolkrabe – überwintern.

Die Säuger (Moschusochse, Ren und Eisfuchs) sind durch ein dichtes Haarkleid und ein Fettdepot, das zugleich als Nährstoffreserve dient, gegen die Kälte geschützt. Die Durchblutung der Haut ist an exponierten Stellen, wie Ohren, Schnauze und Beinen, stark

Goldregenpfeifer *Pluvialis apricaria* in wachsamer Haltung.

reduziert, so daß hier kein erheblicher Wärmeverlust entsteht. Die Rentiere mindern die lebensfeindlichen Wintereinflüsse durch mehr oder weniger ausgeprägte Wanderungen.

Vogelarten der Tundra in Schweden−Finnland

Prachttaucher
  (*Gavia arctica*)
Sterntaucher
  (*Gavia stellata*)
Zwerggans
  (*Anser erythropus*)
Bergente
  (*Aythya marila*)
Eisente
  (*Clangula hyemalis*)
Trauerente
  (*Melanitta nigra*)
Samtente
  (*Melanitta fusca*)
Steinadler
  (*Aquila chrysaetos*)
Rauhfußbussard
  (*Buteo lagopus*)
Seeadler
  (*Haliaeetus albicilla*)
Kornweihe
  (*Circus cyaneus*)
Wanderfalke
  (*Falco peregrinus*)
Gerfalke
  (*Falco rusticolus*)
Merlin
  (*Falco columbarius*)
Alpenschneehuhn
  (*Lagopus mutus*)

Sandregenpfeifer
  (*Charadrius hiaticula*)
Mornellregenpfeifer
  (*Eudromias morinellus*)
Goldregenpfeifer
  (*Pluvialis apricaria*)
Zwergschnepfe
  (*Lymnocryptes minimus*)
Regenbrachvogel
  (*Numenius phaeopus*)
Pfuhlschnepfe
  (*Limosa lapponica*)
Rotschenkel
  (*Tringa totanus*)
Bruchwasserläufer
  (*Tringa glareola*)
Temminckstrandläufer
  (*Calidris temminckii*)
Meerstrandläufer
  (*Calidris maritima*)
Alpenstrandläufer
  (*Calidris alpina*)
Sumpfläufer
  (*Limicola falcinellus*)
Kampfläufer
  (*Philomachus pugnax*)
Odinshühnchen
  (*Phalaropus lobatus*)
Schmarotzerraubmöwe
  (*Stercorarius parasiticus*)

Falkenraubmöwe
(*Stercorarius longicaudus*)
Sturmmöwe
(*Larus canus*)
Küstenseeschwalbe
(*Sterna paradisaea*)
Sperbereule
(*Surnia ulula*)
Sumpfohreule
(*Asio flammeus*)
Ohrenlerche
(*Eremophila alpestris*)
Schafstelze
(*Motacilla flava*)
Wiesenpieper
(*Anthus pratensis*)
Rotkehlpieper
(*Anthus cervina*)
Wasseramsel
(*Cinclus cinclus*)
Fitis
(*Phylloscopus trochilus*)

Blaukehlchen
(*Cyanosylvia svecica*)
Steinschmätzer
(*Oenanthe oenanthe*)
Ringdrossel
(*Turdus torquatus*)
Schneeammer
(*Plectrophenax nivalis*)
Spornammer
(*Calcarius lapponicus*)
Birkenzeisig
(*Acanthis flammea*)
Polarbirkenzeisig
(*Acanthis hornemanni*)
Berghänfling
(*Acanthis flavirostris*)
Nebelkrähe
(*Corvus corone cornix*)
Kolkrabe
(*Corvus corax*)

Das boreale Nadelwaldgebiet oder die Taiga

Südlich – oder im Gebirge unterhalb – der arktischen Region schließt sich im Norden Europas, eine Nadelwaldzone an, die Taiga oder der boreale Nadelwaldgürtel (im Gebirge der montane Nadelwaldgürtel). Das Klima dieser Zone ist gekennzeichnet durch lange, schneereiche Winter und kurze, ziemlich kühle Sommer. Weniger als 4 Monate haben eine Durchschnittstemperatur von mehr als 10°C. Der Winter dauert ein halbes Jahr. Die Temperaturen können auf −50°C absinken.

Oben: Flechtenbewachsener Stein im Moospolster.
Unten: Rotsterniges Blaukehlchen *Luscinia (Cyanosylvia) s. svecica*
in einem Weidenbusch im feuchten Gelände. Rechts: Fjällbirkenwald

Die Vegetation der borealen Nadelwaldzone erträgt lange Perioden mit tiefen Temperaturen. Bäume überleben hier nur durch Abhärtung, ein Prozeß, der beim Übergang zur Winterruhe einsetzt. Fichtennadeln, die „gewöhnlich" bei −7°C absterben, können nach der Abhärtung −40°C ertragen. Der Abhärtungsvorgang beruht z. B. auf einer Erhöhung der Zuckerkonzentration im Zellsaft. Im Frühjahr findet eine „Enthärtung" statt.

Während in der Taiga Nordamerikas und Asiens oft etliche Baumarten nebeneinander vorkommen, sind in Skandinavien meist nur Fichte *Picea abies* oder Kiefer *Pinus sylvestris* bestandsbildend. Wir unterscheiden hier die dunkle, dichte Fichtentaiga auf nährstoffreichem Boden und die vor allem auf trockenen, sandigen, aber auch nassen, nährstoffarmen Böden wachsende lichte Kieferntaiga. In der Krautschicht dieser Wälder sind viele Zwergsträucher und Kräuter zu Hause, die auch in Mitteleuropa in Nadelwäldern armer Standorte auftreten: Heidelbeere *Vaccinium myrtillus*, Preiselbeere *Vaccinium vitis-idaea*, Wintergrünarten *Pyrola*, Siebenstern *Trientalis europaea*, Waldsauerklee *Oxalis acetosella*, Schattenblume *Maianthemum bifolium* und Haarhainsimse *Luzula pilosa*. Als boreales Florenelement ist der Schwedische Hartriegel *Cornus suecica* stark verbreitet. In versumpftem oder vermoortem Gelände leben feuchtigkeitsliebende Arten wie Rauschbeere *Vaccinium uliginosum*, Sumpfporst *Ledum palustre* und Krähenbeeren *Empetrum*. Dort kann die Moosschicht sehr üppig ausgeprägt sein, wobei bei hohem Grundwasserstand das Gemeine Widertonmoos *Polytrichum commune* dominiert. Wo auf trockenen Sanden oder flachgründigen Urgesteinsböden wenig Wasser zur Verfügung steht, das die Bäume für sich allein beanspruchen, gedeihen als Bodenbewuchs nur noch Strauchflechten, die mit atmosphärischem Wasser auskommen: Isländisches Moos *Cetraria islandica*, Rentierflechte *Cladonia rangiferina* und andere Arten der Gattung *Cladonia*. Solche lichtdurchfluteten, in der Sonne am Boden hell leuchtenden Kiefernwälder bedecken große Teile Schwedens und Finnlands.

In der Taiga sind während der Vegetationsperiode die Niederschläge deutlich höher als die Verdunstung. Sobald der Grundwasserspiegel bis auf 50 cm unter die Erdoberfläche aufsteigt, können keine Bäume mehr existieren, und es bilden sich schnell Moore. Hier wachsen u.a. etliche Seggenarten *Carex*, Wollgräser *Eriophorum*, Moorreitgras *Calamagrostis stricta*, Fieberklee *Menyanthes trifoliata* und Sumpfblutauge *Potentilla palustris*. Die höhergelegenen Teile sind mit verschiedenen Torfmoosen (z. B. *Sphagnum recurvum* und *S. cuspidatum*), Scheidigem Wollgras *Eriophorum vaginatum*, Sonnentau *Drosera*, Moosbeeren *Oxycoccus*, Rosmarinheide *Andromeda polifolia*, Rauschbeere *Vaccinium uliginosum*, Krähenbeeren *Empetrum* und Multebeere *Rubus chamaemorus* bestanden.

Erst nach dem Zurückweichen des Eises, das je nach Lage vor etwa 9 000 bis 2 000 Jahren abgeschlossen war, ist diese Zone wieder neu besiedelt worden. Flora und Fauna der Taiga in Sibirien sind wesentlich älter als in Schweden und Finnland, weil es entweder gar nicht oder kürzer als Fennoskandien eisbedeckt gewesen ist. Die

---

Folgende Seiten:
Links: Totes Holz im Hamra-Nationalpark.
Rechts: Wasserfall in Nordschweden: Trappstegsfors.

Besiedlung der europäischen Nadelwaldzone erfolgte also von erheblich früher eisfrei gewordenen Flächen im Osten aus.

Säugetierarten der Taiga in Schweden—Finnland

Zwergspitzmaus
(Sorex minutus)
Waldspitzmaus
(Sorex araneus)
Kleinspitzmaus
(Sorex minutissimus)
Wasserspitzmaus
(Neomys fodiens)
Nordfledermaus
(Eptesicus nilssoni)
Schneehase
(Lepus timidus)
Eichhörnchen
(Sciurus vulgaris)
Biber
(Castor fiber)
Berglemming
(Lemmus lemmus)
Waldlemming
(Myopus schisticolor)
Rötelmaus
(Clethrionomys glareolus)
Polarrötelmaus
(Clethrionomys rutilus)
Graurötelmaus
(Clethrionomys rufocanus)
Erdmaus
(Microtus agrestis)
Ostschermaus
(Arvicola terrestris)

Bisam
(Ondatra zibethicus)
Wanderratte
(Rattus norvegicus)
Hausmaus
(Mus musculus)
Braunbär
(Ursus arctos)
Wolf
(Canis lupus)
Marderhund
(Nyctereutes procyonoides)
Rotfuchs
(Vulpes vulpes)
Hermelin
(Mustela erminea)
Mauswiesel
(Mustela nivalis)
Baummarder
(Martes martes)
Vielfraß
(Gulo gulo)
Fischotter
(Lutra lutra)
Luchs
(Lynx lynx)
Elch
(Alces alces)
Ren
(Rangifer tarandus)

Die meisten hier aufgeführten Arten haben in Fenno-skandien ihren Verbreitungsschwerpunkt in der Taiga, besiedeln jedoch auch die Übergangszone zum Fjäll und das Kalfjäll. Nur ganz wenige Säugetiere, wie beispiels-weise Eisfuchs und Berglemming, sind überwiegend Fjällbewohner.

Vogelarten der Taiga in Schweden—Finnland

Prachttaucher
(Gavia arctica)
Singschwan
(Cygnus cygnus)
Saatgans
(Anser fabalis)
Pfeifente
(Anas penelope)
Spießente
(Anas acuta)
Reiherente
(Aythya fuligula)
Samtente
(Melanitta fusca)
Schellente
(Bucephala clangula)
Mittelsäger
(Mergus serrator)
Gänsesäger
(Mergus merganser)
Sperber
(Accipiter nisus)
Habicht
(Accipiter gentilis)
Kornweihe
(Circus cyaneus)
Fischadler
(Pandion haliaetus)

Moorschneehuhn
(Lagopus lagopus)
Birkhuhn
(Tetrao tetrix)
Auerhuhn
(Tetrao urogallus)
Kranich
(Grus grus)
Bekassine
(Gallinago gallinago)
Regenbrachvogel
(Numenius phaeopus)
Dunkler Wasserläufer
(Tringa erythropus)
Grünschenkel
(Tringa nebularia)
Waldwasserläufer
(Tringa ochropus)
Bruchwasserläufer
(Tringa glareola)
Flußuferläufer
(Actitis hypoleucos)
Sturmmöwe
(Larus canus)
Kuckuck
(Cuculus canorus)
Uhu
(Bubo bubo)

Eine der wenigen
Pflanzen mit
grünen Blüten:
Nickendes
Wintergrün
*Pyrola (Orthilia)
secunda.*

Wolf *Canis lupus*:
Der Restbestand
ist für eine
dauerhafte
Arterhaltung
zu klein.

Waldohreule
Asio otus.

Biber *Castor fiber*
flößt einen
Weidenast
zu seiner Burg.

Sperbereule
(Surnia ulula)
Sperlingskauz
(Glaucidium passerinum)
Habichtskauz
(Strix uralensis)
Bartkauz
(Strix nebulosa)
Sumpfohreule
(Asio flammeus)
Rauhfußkauz
(Aegolius funereus)
Schwarzspecht
(Dryocopus martius)
Kleinspecht
(Dendrocopus minor)
Dreizehenspecht
(Picoides tridactylus)
Baumpieper
(Anthus trivialis)
Raubwürger
(Lanius excubitor)
Seidenschwanz
(Bombycilla garrulus)
Wasseramsel
(Cinclus cinclus)
Heckenbraunelle
(Prunella modularis)
Schilfrohrsänger
(Acrocephalus schoenobaenus)
Fitis
(Phylloscopus trochilus)
Nordischer Laubsänger
(Phylloscopus borealis)
Grauschnäpper
(Muscicapa striata)

Trauerschnäpper
(Ficedula hypoleuca)
Blaukehlchen
(Cyanosylvia svecica)
Gartenrotschwanz
(Phoenicurus phoenicurus)
Misteldrossel
(Turdus viscivorus)
Wacholderdrossel
(Turdus pilaris)
Rotdrossel
(Turdus iliacus)
Singdrossel
(Turdus philomelos)
Weidenmeise
(Parus montanus)
Lapplandmeise
(Parus cinctus)
Goldammer
(Emberiza citrinella)
Rohrammer
(Emberiza schoeniclus)
Waldammer
(Emberiza rusticus)
Buchfink
(Fringilla coelebs)
Bergfink
(Fringilla montifringilla)
Birkenzeisig
(Acanthis flammea)
Hakengimpel
(Pinicola enucleator)
Fichtenkreuzschnabel
(Loxia curvirostra)
Star
(Sturnus vulgaris)

Unglückshäher	Nebelkrähe
(Perisoreus infaustus)	*(Corvus corone cornix)*
Elster	Kolkrabe
(Pica pica)	*(Corvus corax)*

Die nordeuropäische Mischwaldzone oder „Südtaiga"

Hierbei handelt es sich eigentlich um nichts weiter als eine Übergangsregion zwischen der borealen Nadelwaldzone und der Zone der sommergrünen Laubwälder und nicht um eine eigene pflanzengeographische Region. In Finnland tritt sie lediglich in einem wenige Kilometer breiten Streifen an der Süd- und Südwestküste auf, in Schweden schließt sie sich an den schmalen Laubwaldgürtel im äußersten Süden nordwärts an und erstreckt sich etwa bis zu einer Linie Gävle-Charlottenborg (das auf der Höhe von Oslo liegt). Die Nordgrenze der Mischwaldzone fällt in Fennoskandien in etwa zusammen mit der nördlichen Verbreitungsgrenze der Eiche.

Etwa 75 % der Bäume dieser Zone sind Nadelhölzer. Von Norden nach Süden zunehmend, kommen Laubholzarten hinzu: Birken *Betula verrucosa* und *B. pubescens*, Erle *Alnus glutinosa*, Zitterpappel *Populus tremula*, Eberesche *Sorbus aucuparia*, Salweide *Salix caprea*, Faulbaum *Rhamnus frangula* und verschiedene *Prunus*-Arten. Während alle diese Arten fast bis zur Nordgrenze der Nadelwaldzone vorkommen, sind folgende Arten auf die reine Laub- oder die Mischwaldzone beschränkt: Winterlinde *Tilia cordata*, Spitzahorn *Acer platanoides*, Ulmen *Ulmus*, Hasel *Corylus avellana*, Esche *Fraxinus excelsior*, Stieleiche *Quercus robur* und einige endemische Elsbeerenarten *Sorbus intermedia, S. hybrida.*

41

Waldwasserläufer *Tringa ochropus*.

Die nordeuropäische Laubwaldzone

In dem angesprochenen Gebiet bedeckt die Laubwaldzone nur einen schmalen Streifen an der schwedischen Südwestküste. Die Rotbuche *Fagus silvatica* ist hier bestandsbildend. In den Wäldern wachsen Efeu *Hedera helix* und Eibe *Taxus baccata* sowie die atlantisch verbreitete Stechpalme *Ilex aquifolium* an ihrer nördlichen Verbreitungsgrenze in Fennoskandien.

Die Jahresperiodik ist ausgeprägt. Viele Frühlingsgeophyten sind in diesem Laubwald zu Hause. Dazu gehören Buschwindröschen *Anemone nemorosa*, Leberblümchen *Hepatica nobilis*, Fester und Hohler Lerchensporn *Corydalis solida* und *C. cava*, Bärlauch *Allium ursinum* und andere. Sie nutzen vor allem die günstigen Lichtverhältnisse im zeitigen Frühjahr aus. Vor der Belaubung der Bäume ist die Lichteinstrahlung am

Waldboden am höchsten, mit der Entwicklung des Blattwerkes nimmt sie stark ab. Zusätzlich wird so früh im Jahr die Streuschicht der Laubwälder durch die ungehinderte Sonneneinstrahlung stark erwärmt, schon im April auf über 30 °C.

Es gibt kaum Säuger- und Vogelarten, die ausschließlich die Laubwaldzone besiedeln, also „typische" Arten der nordeuropäischen Laubwaldregion. Am ehesten könnte das noch für Sperbergrasmücke *Sylvia nisoria* und Halsbandschnäpper *Ficedula albicollis* gelten.

Im übrigen ist der größte Teil der ehemaligen schwedischen Laubwälder verschwunden. Schon vor langer Zeit haben sie dem Ackerbau weichen müssen. Seit kurzem werden die Reste vielerorts gar durch Nadelwaldanpflanzungen ersetzt.

Leberblümchen *Hepatica nobilis*, ein Frühblüher der nordischen Laubwaldzone.

Schweden—Finnland – ein Jahr in der Natur

JANUAR

Die Ostsee vereist auch im äußeren Schärenbereich.

Die Jungen der Braunbären kommen in den Überwinterungshöhlen zur Welt. Selbst bei größter Kälte taucht die Wasseramsel in noch offenen Flüssen. Greifvögel haben eine schwere Zeit, Seeadler werden sogar von Menschen gefüttert.

Nadelbäume überstehen die Winterkälte durch „Abhärtung", eine Erhöhung der Zuckerkonzentration im Zellsaft.

FEBRUAR

Dies ist der kälteste Monat des Jahres. Schnee- und Eisdecke werden immer dicker. Im Wald hört man knackende Geräusche, wenn bei starkem Frost die Rinde der Bäume reißt.

Die Brunft der Wölfe und Füchse beginnt. Die Elche stoßen ihre Geweihe ab. Kiefern- und Fichtenkreuzschnäbel haben ihre Hauptbrutzeit jetzt, zur Zeit der Samenreife von Kiefer und Fichte.

Fichten und Kiefern werfen ihre Samen ab.

MÄRZ

Am 21. ist Frühlingsanfang – Tag und Nacht sind gleich lang. Schneehöhe und Eisdecke sind nun am größten.

Die Brunft des Luchses beginnt. Die Saimaa-Ringelrobbe bringt ihre Jungen in Schneehöhlen zur Welt. Die Dachsjungen kommen zur Welt. Auer- und Birkhähne balzen, aber noch weniger intensiv als im April. Im Norden kehren die Wasseramseln in ihre Brutreviere zurück.

Die Äste der Birken röten sich.

APRIL

Im Süden schmelzen Eis und Schnee. Die Flüsse führen Hochwasser.

Der Sperlingskauz beginnt mit der Balz. Um die Monatsmitte treffen die Kraniche am Hornborgasee ein. Wenig später beginnen sie in Südschweden bereits mit der Brut. Auf Seen, die bereits eisfrei sind, balzen die Singschwäne und beginnen noch in diesem Monat mit der Brut. Ab Mitte des Monats inspizieren die Birkhennen die Balzplätze. Wenn die Seen eisfrei sind, kehren die Fischadler in ihre Reviere zurück.

Im Süden blühen Buschwindröschen, Lerchensporn und Leberblümchen. Ihre dichten Bestände bedecken vielerorts den Boden der Laubwälder. Gegen Ende des Monats blüht auf den Mooren das Wollgras.

44

MAI

Die meisten Seen und der Bottnische
Meerbusen werden eisfrei.

Elch und Ren kalben, am Ende des
Monats auch die Moschusochsen.
Die Mehrzahl der Zugvögel trifft ein.
Die Zwerggans kehrt in ihre Brutgebiete
zurück.
In der 1. Maiwoche paart sich das
Birkwild.
Im Norden beginnt die Gemeinschafts-
balz der Kampfläufer.

In Südfinnland beginnt die Speise-
morchelzeit.
Auf den Mooren blüht der stark duften-
de Gagelstrauch.
Im Süden blühen die Birken.

JUNI

Am 21. ist Sommeranfang – der längste
Tag und die kürzeste Nacht.
Nördlich des Polarkreises geht die Sonne
nicht mehr unter, auch südlich davon
sind die Nächte hell und kurz.

Die letzten Zugvögel wie Pirol, Sumpf-
rohrsänger und Nordischer Laubsänger
treffen ein.
Der Mornellregenpfeifer brütet.

Multebeere, Sumpfporst und Schwedi-
scher Hartriegel blühen.
Zum Ende des Monats öffnen sich im
Hochgebirge die weißen oder rosa
Blüten des Gletscherhahnenfußes.
Im Fjällbirkenwald beginnt der Wald-
storchschnabel zu blühen.

JULI

Auf dem Fjäll trotzen an Nordhängen
und in Senken noch immer Schneefelder
der Sommersonne.

Am Monatsanfang sind die Fjällvögel in
der Regel bereits mit dem Brüten fertig.
In der Monatsmitte werden die Jungen
von Eulen und Greifvögeln flügge.
Die Odinshühnchen legen am Monats-
ende bereits ihr Winterkleid an.

Im Süden werden die ersten Blau- und
Himbeeren reif.
Pilze erscheinen, wenn es nicht zu
trocken ist.
Überall an Straßenrändern und
-böschungen blühen Rundblättrige
Glockenblume und Schmalblättriges
Weidenröschen.
Auf feuchten Standorten wächst das
Karlszepter.
In der Fjällbirkenzone blühen Alpen-
milchlattich und Nordischer Eisenhut.

AUGUST

Die Tage werden deutlich kürzer, die
Nächte wieder dunkel.
Gegen Ende des Monats kann es die
ersten Nachtfröste geben.

Der Pirol zieht schon wieder fort.
Schwalben und Stare sammeln sich.
Ende des Monats zieht der Fischadler
in den Mittelmeerraum.

Die Multebeeren werden reif.
Die Wälder stehen voller Pilze: Pfiffer-
linge, Steinpilze, Rotkappen und andere
Röhrlinge.

SEPTEMBER

Am 22. ist Herbstanfang – Tag und
Nacht sind gleich lang.
Im Norden fällt der erste Schnee.

Die Kraniche fliegen nach Süden.
Der Rauhfußbussard zieht nach Süd-
skandinavien bzw. Ost- und Mitteleuropa.
Im Süden beginnt die Elchbrunft.

Die Wälder und das Fjäll leuchten in
herbstlicher Farbenpracht. In Finnland
wird diese Zeit „Ruska-Zeit" genannt.
Noch ist Pilzsaison, sie geht aber bald
zu Ende.
Die Preiselbeeren werden reif.

OKTOBER

Bei schönem Herbstwetter bilden sich in
der Nähe der großen Seen oft Morgen-
nebel.
Im Norden bleibt der Schnee jetzt
liegen.

Die Renbrunft beginnt, im Norden auch
die Elchbrunft.
Singschwäne sammeln sich in großen
Schwärmen in Meeresbuchten, um den
Flug in den Süden anzutreten.
Die Schneeammer zieht aus dem Gebir-
ge an die westeuropäischen Küsten.

Die Birken verlieren ihre gelben Blätter.

NOVEMBER

Auch der Süden erhält jetzt eine Schnee-
decke.
Im Norden erscheinen nun häufiger
Polarlichter am Himmel.

Die Wasseramsel zieht aus dem Norden
in die südlichen Landesteile.
Die Rentiere sind jetzt auf Flechtennah-
rung angewiesen.

Die Lorbeerweide wirft ihre Samen ab.

DEZEMBER

Am 21. ist Winteranfang – der kürzeste
Tag und die längste Nacht. Nördlich des
Polarkreises beginnt die Polarnacht: Die
Sonne bleibt auch tagsüber unter dem
Horizont.
Die Seen vereisen.

Jetzt sind nur noch die echten Stand-
vögel zu beobachten: die Rauhfußhühner, Rabenvögel, Spechte, Meisen, See-
und Steinadler, Habicht, Eulen (Ausnahme Wald- und Sumpfohreule), Seidenschwanz, Wasseramsel, Hakengimpel, Kiefern- und Fichtenkreuzschnabel.
Die Rauhfußhühner übernachten in
selbstgegrabenen Schneehöhlen.

In den Wäldern herrscht Schweigen.

Rechte Seite:
Oben: Multebeere *Rubus chamaemorus*, noch im unreifen Zustand.
Unten: Steinpilz *Boletus edulis*.

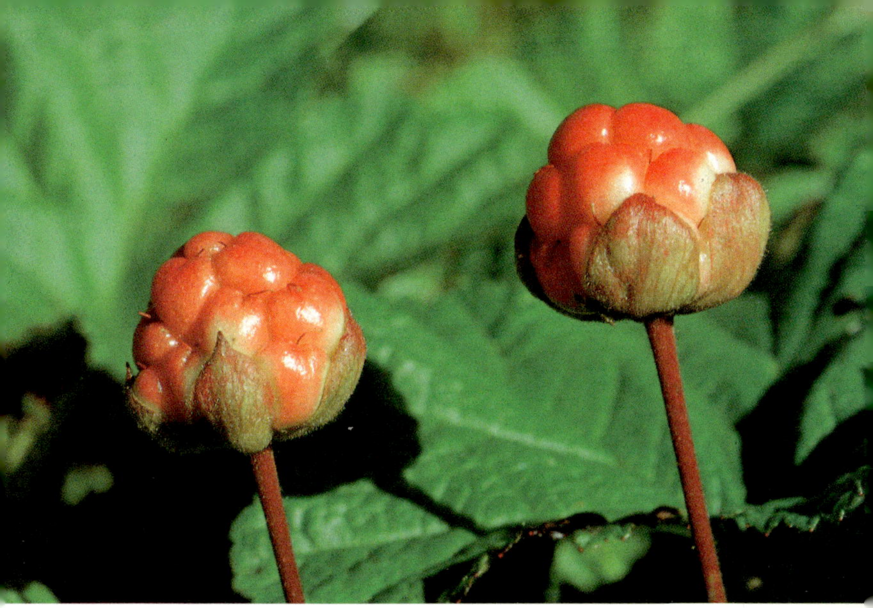

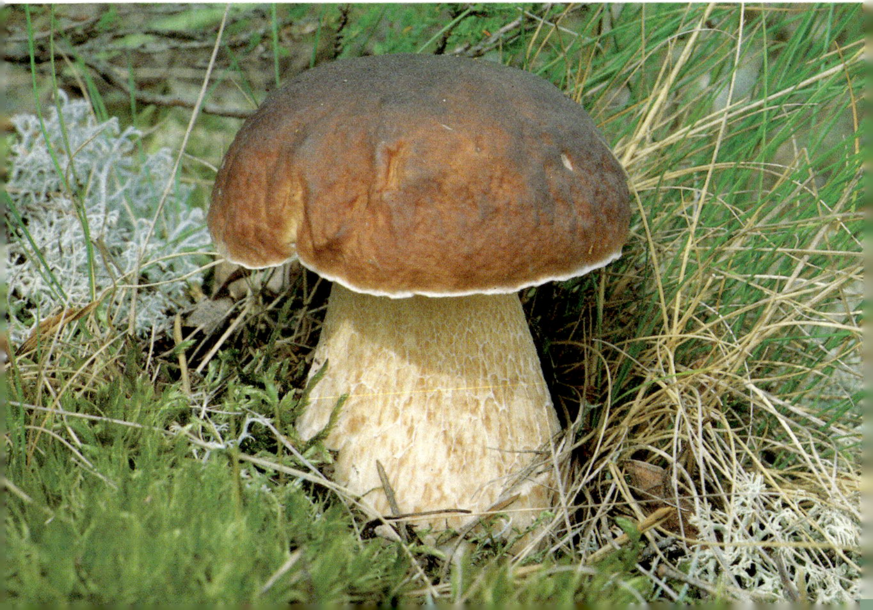

Umweltprobleme –
zugeweht, nicht hausgemacht

Die Massenvermehrung
eines „Kriegsgewinnlers"

Bis 1949 führte *Tabellaria binalis*, eine unter unendlich vielen Arten von Kieselalgen, ein auch von Wissenschaftlern kaum beachtetes Leben. Doch nachdem sie immer häufiger in Seen längs der schwedischen Westküste gefunden wurde, avancierte sie zu einem vielbeschriebenen Star der botanischen Literatur. Sie gehört eindeutig zu den Gewinnern eines noch andauernden, mehr als 40 Jahre währenden Säurekrieges, den westeuropäische Industrieländer gegen die skandinavische Natur führen; denn *Tabellaria binalis* ist eine äußerst säureliebende Art, die am besten unterhalb eines pH-Wertes von 5,5 gedeiht.

Kieselalgen, einzellige Pflanzen mit einem harten äußeren Kieselskelett, besiedeln zwar fast jedes feuchte Milieu, doch jede Art kommt nur innerhalb enger pH-Wert-Grenzen vor, so daß man aus dem Vorhandensein oder Fehlen bestimmter Arten sehr genau auf den pH-Wert des Wassers schließen kann.

Stirbt die Alge nach einem kurzen vermehrungsstarken Leben, entgeht das harte zweiteilige Silikatgehäuse der Zersetzung und lagert sich im Sediment des Gewässers ab. In einem Kubikzentimeter Ablagerung können Millionen dieser Kieselalgenschalen enthalten sein. Sie liefern noch nach Jahrhunderten oder Jahrtausenden genaue Informationen über die chemische Vergangenheit ihres Lebensraumes.

Rund 50 km nördlich von Göteborg und 10 km landeinwärts der Küste in Bohuslän liegt der kleine See Gårdsjön. Wie viele andere in dieser Gegend ist er stark von Versäuerung betroffen, doch wie bei kaum einem anderen ist seine Entwicklung wissenschaftlich dokumentiert. Im Rahmen eines 1978 begonnenen Forschungsprojektes „Gårdsjön" gelang es, aus dem Sediment des Sees einen 3 m langen Kern herauszubohren und damit ein biologisches Archiv von der Eiszeit bis heute zu öffnen.

Als vor 12 500 Jahren die Eiskappe nach Norden zurückwich und Südschweden wieder freigab, lag das Wasser des Gårdsjön um den Neutralwert (7,0). Durch natürliche Versäuerung wurde der See zwar bald etwas saurer (6,0), doch rund 10 000 Jahre lang änderte sich danach fast gar nichts. Erst in den letzten Zentimetern des Bohrkerns passierte wieder etwas: Ziemlich plötzlich bestand die Algenflora zu fast 100 Prozent aus säureliebenden Arten. Rußpartikel aus der Verbrennung von Kohle und Öl, die in tieferen Schichten ganz fehlten, wurden im Sediment ebenfalls immer häufiger. Gegen 1950 sank der pH-Wert schlagartig auf 4,5.

Verantwortlich für die zunehmende Versäuerung des Wassers ist ein hoher Säuregehalt im Niederschlag. Bei der Verbrennung fossiler Brennstoffe werden Schwefeldioxid (SO_2) und Stickoxide (NO_x) freigesetzt. Nach Oxidation mit dem Luftsauerstoff und Lösung in Wasser werden sie als Schwefel- und auch Salpetersäure mit den Wolken Hunderte Kilometer weit verfrachtet, bis sie eines Tages mit dem Niederschlag herunterfallen. Es regnet buchstäblich Säure; denn in Extremfällen wies der Regen an der skandinavischen Westküste pH-Werte unter 3 auf.

Die Fähigkeit des Bodens und des Wassers, „sich gegen Versäuerung zu schützen", wird mit den Begriffen Alkalinität und Pufferung beschrieben. Alkalinität ist ein Maß für den Gehalt an Pufferstoffen in einer Wasserlösung. Mit Pufferung meint man einen Vorgang, bei dem bestimmte Ionen sich mit Wasserstoffionen verbinden und diese dadurch „entladen" (neutralisieren). Diese Pufferionen verhindern ein kräftiges Ansteigen der Wasserstoffionenkonzentration und damit das Einsetzen einer Versäuerung. Ist viel Kalk im Wasser oder im Boden vorhanden, verbinden sich die Karbonationen des Kalks mit den Wasserstoffionen und neutralisieren diese. Kalkreicher Boden ist also widerstandsfähiger gegen Versäuerung als Boden in Urgesteinsgebieten. Fast ganz Skandinavien aber besteht aus Urgestein!

In versäuertem Wasser steigt der Gehalt an Aluminium. Aluminiumionen sind für viele Organismen äußerst giftig, und man ist sich zunehmend darüber im klaren, daß das Fischsterben in sauren Seen eigentlich auf einer akuten Aluminiumvergiftung beruht.

Nur einen Teil ihres Säureniederschlags produzieren die nordischen Länder selber: Der schwedische Eigenanteil liegt je nach Lage zwischen 10 und 25 %, der finnische beträgt rund 30 %. Einen weiteren Teil ihrer Schadstoffemissionen reichen beide Länder an ihre Nachbarn weiter. Zwei Drittel des schwedischen SO_2-Ausstoßes regnen in Finnland ab, Finnland exportiert ein Drittel in die Sowjetunion. Dennoch zählen beide Länder wie auch Norwegen zu den sogenannten Nettoimporteuren, sie sind weniger Täter als vielmehr Opfer des Ferntransports von Luftverunreinigung. Was an hausgemachter Säure über dem eigenen Land abregnet bzw. exportiert wird, steht nur in einem geringen Verhältnis zu dem, was sie, ohne sich dagegen wehren zu können, z. B. aus Großbritannien, der Bundesrepublik und den Staaten des Ostblocks geliefert bekommen.

Die kritische Überlebensgrenze für das Leben in Seen hängt nicht vom durchschnittlichen pH-Wert im Verlauf eines Jahres ab, sondern der allerniedrigste pH-Wert (vermutlich in Verbindung mit einem gewissen Aluminiumgehalt) entscheidet darüber, wie ernsthaft die Auswirkungen sein können. Größere Säuremengen gelangen flutartig zu zwei Jahreszeiten in die Seen und Flüsse: zum einen im Herbst nach den üblichen starken und langdauernden Regenfällen zur Zeit der Vollzirkulation, wenn der gesamte Wasserkörper durchmischt und verschmutzt wird, zum anderen zur Zeit der Schneeschmelze. Im Winter sammeln sich die Schadstoffe auf dem Schnee der Erdoberfläche und der Eisdecke der Seen an: Durch Ruß und Asche dunkelgefärbte Lagen mit hohen Gehalten an Schwefel und Schwermetallen kennzeichnen die Schneeprofile. Die ersten 10 % des Schmelzwassers enthalten bis zu 50 % aller Verunreinigungen, bzw. die ersten 30 % bis zu 80 %. So bekommt die oberflächennahe Wasserschicht die Masse der Verschmutzungsstoffe bereits zugeführt, wenn die Seen noch eine Zeitlang mit Eis bedeckt sind und Winterstagnation herrscht. Zu Beginn der Schneeschmelze fällt der pH-Wert im Oberflächenwasser also stark ab. Derartige kurze, aber gefährliche Perioden mit niedrigen pH-Werten nennt man Säurestöße. Erst einige Zeit nach dem Verschwinden der Eisschicht, am Ende der Frühjahrszirkulation des Seewassers, haben sich die chemischen Verhältnisse über die gesamte Wassersäule wieder einigermaßen ausgeglichen. In einer Tiefe von 5 m bleibt der pH-Wert in etwa konstant.

Der plötzliche Abfall des pH-Werts wirkt auf Fische wie ein „pH-Schock". Erwachsene Fische können in Massen sterben. Doch auch die Eier und Jungtiere sind betroffen: Ausgerechnet im Herbst und während der Schneeschmelze findet die Vermehrung der Fische statt: nämlich das Laichen bzw. das Schlüpfen der Fischlarven, vor allem der Lachsartigen. Darüber hinaus wird den Fischen die Nahrungsgrundlage entzogen: Unterhalb der pH-Grenze von 6,0 sind viele Kleinmuschelarten, die meisten Schnecken, Egel, größeren Krebse und Eintagsfliegenlarven verschwunden. Man kann sie, wenn sie ausbleiben, als Frühwarnorganismen für die beginnende Versäuerung von Seen ansehen. So sind Fische schon bei pH-Werten, die sie selbst direkt noch nicht schädigen, dennoch schon gefährdet, weil wichtige Beuteorganismen fehlen. Andererseits werden bestimmte Arten wirbelloser Tiere durch das Verschwinden der Fische als Freßfeinde begünstigt. Das gilt zum Beispiel für verschiedene Wasserinsektenarten und vor allem für Ruderwanzen, die unempfindliche Chitinpanzer haben und ihren Sauerstoff nicht über Kiemen, sondern aus der Luft beziehen.

Wieder genießbar durch Verwaltungsakt

Bergland von Ammarnäs, Nordschweden, im September 1986: Auf dem Schlachtplatz Kraipe der Lappengemeinde Ran war das letzte Ren geschlachtet, doch unter den Renzüchtern kam in diesem Herbst keine Freude auf. Zu Recht, denn das Ergebnis der amtlichen Strahlenuntersuchung, das ihnen einige Tage später zugestellt wurde, war niederschmetternd. Kein einziges Kilo des von ihnen produzierten Fleisches konnte für den menschlichen Verzehr freigegeben werden. In den anderen Schlachtbezirken des Landes sah es auch nicht viel besser aus. 80 % der 46000 geschlachteten Rentiere überschritten den Grenzwert von 300 Becquerel/kg Cäsium 137 und mußten vernichtet oder soweit möglich in den Pelztierfarmen des Landes verfüttert werden.

Der 27. April 1986 war für die nord- und mittelschwedischen Provinzen zu einem schwarzen Sonntag geworden. Am Tag zuvor war der Reaktor 4 des sowjetischen Kernkraftwerkes Tschernobyl durchgebrannt. Zwar war der größte Teil der freigesetzten radioaktiven Substanzen in unmittelbarer Nähe des Reaktors niedergegangen, aber die ungeheure Hitze hatte Staubteilchen bis in eine Höhe von 1200 m hinaufgerissen. Nordwestwärts wehende Winde trieben die strahlende Wolke auf Skandinavien zu. Sie erreichte bereits einen Tag später die schwedische Ostküste, wo sich der radioaktive Staub zunächst in einem rund 600 km langen Streifen zwischen Gävle und Skellefteå niederschlug. Einige Stunden später lud die Wolke ihre strahlende Fracht jedoch auch in der Fjällregion Süd- und Nordjämtlands ab. Für das langlebige Cäsium 137 registrierten die Behörden Spitzenwerte von 140 Kilobecquerel/m^2, weite Teile der Region waren mit 40 bis 70 kBq/m^2 belastet. Schweden war wie kein anderes Land – außer der Sowjetunion – vom Reaktorunglück in Tschernobyl betroffen.

Auch wenn der Staat sie für ihren Verdienstausfall entschädigte, vollzog sich nach diesem Tag ein tiefgreifender Wandel im Selbstverständnis der Samen, wie die Lappen sich selber nennen. Seit rund 1000 Jahren hatten die Renherden ihnen nicht nur eine wirtschaftliche Existenz im kargen Norden Europas gegeben, mit seinen Wanderungen prägte das halbwilde Tier auch die nomadische Lebensweise und die Kultur dieses Volkes.

53

Renscheidung und Schlachtfest, sonst Höhepunkte im samischen Jahr, waren nun zu einer Art Abfallbeseitigung heruntergekommen.

Zudem machten die Wissenschaftler den Rentierzüchtern nur wenig Hoffnung auf baldige Besserung. Frühestens in 5 bis 7 Jahren sei die Strahlenbelastung durch Cäsium 137 so weit zurückgegangen, daß der Großteil der Schlachttiere unter dem Grenzwert von 300 Bq/kg bliebe.

Um so erstaunlicher war das Ergebnis der Schlachtung vom 10. bis 12. August 1987 in Kraipe. Nur 10 der 644 geschlachteten Rene mußten beschlagnahmt werden.

Man hatte etwa vier Wochen früher als in den Vorjahren geschlachtet, auch wenn das Zentralamt für das Lebensmittelwesen in Uppsala dies bestreitet. Hatte sich dieser ungewöhnlich frühe Termin günstig ausgewirkt, weil die Rene in den Sommerwochen überwiegend wenig verstrahlte Kräuter und Blätter von Laubgehölzen gefressen hatten und noch nicht die dreimal stärker belasteten Flechten, die ihre Hauptwinternahrung darstellen? Oder waren die Wissenschaftler mit ihrer Einschätzung der Lage allzu pessimistisch gewesen?

Die richtige Antwort allerdings findet man in einer Verordnung des schwedischen Zentralamtes für das Lebensmittelwesen, die am 1. Juni 1987 in Kraft trat: Renfleisch gehört seitdem plötzlich nicht mehr zu den unter § 1 der Verordnung aufgeführten Lebensmitteln wie Molkereiprodukte, Kindernahrung, Gemüse, Seefisch und Fleisch von Haustieren, für die der Grenzwert von 300 Bq/kg Cäsium 137 nach wie vor gilt. Es fällt künftig unter § 2 „Andere Arten von Lebensmitteln", die bis zu einem Cäsium-137-Gehalt von 1500 Bq/kg in

Rentiere *Rangifer tarandus*.

den Handel gebracht werden dürfen. Von den 35 820 Renen, die im Herbst 1987 geschlachtet wurden, konnten auf diese Weise 54 % der Tiere wieder zu Lebensmitteln werden, die ohne Einschränkung verkäuflich waren. Nach der vor dem 1. 6. 1987 gültigen Verordnung wären von den 644 Schlachttieren aus Kraipe nicht 634, sondern gerade einmal 3 freigegeben worden. Gleichzeitig wurde die Bevölkerung, vor allem der nördlichen Provinzen, aufgefordert, den Verzehr von Renfleisch geringzuhalten.

Wissenswertes vom Wald

Alte Waldtypen und moderne Forstwirtschaft

Bald nach dem Beginn der landwirtschaftlichen Nutzung Skandinaviens hatten die Bauern herausgefunden, daß die Rodung eines Waldstücks für den Ackerbau nur lohnte, wenn bestimmte Baumarten und eine bestimmte Bodenvegetation vorhanden waren. Fichtenwälder, in denen auch Birken, Erlen und Spitzahorn wuchsen, mit Haselnuß und Vogelbeere in der Strauchschicht und einer besonders ausgeprägten Krautschicht aus Heidelbeere, Waldsauerklee und Schattenblume, wurden aufgrund der Bodenfruchtbarkeit zuerst in Äcker umgewandelt. Bereits vor 200 Jahren wurden diese Unterschiede in Lehrbüchern für den Ackerbau beschrieben und die für die Brandrodung geeigneten Flächen kartiert. Mit der zunehmenden Bedeutung der Forstwirtschaft wurden diese Erkenntnisse, die sich zunächst gegen den Wald gerichtet hatten, nun genutzt, um Forste mit qualitativ und quantitativ guten Erträgen anzulegen.

In der Regel kommen Pflanzen in der Natur nicht als Individuen, sondern in Pflanzengesellschaften vor. Die Unterschiede in der Zusammensetzung dieser Gesellschaften charakterisieren den Standort. Auf der Grundlage dieser Überlegungen veröffentlichte Aimo Kaarlo CAJANDER 1909 seine Waldtypenlehre, die er in den folgenden 20 Jahren immer mehr verfeinerte. Zur

Bestimmung der Waldtypen dienten ihm die charakteristischen Pflanzenarten der Bodenschicht. Die 3 Waldklassen Hainwälder, Frische Wälder und Heidewälder wurden von CAJANDER in insgesamt 13 verschiedene Waldtypen unterteilt. Auch wenn es zwischen diesen Waldtypen etliche Mischformen gibt und der fehlende Baumarteneinfluß von anderen Wissenschaftlern kritisiert wird, so hat die Waldtypenlehre Cajanders, die auf Beobachtungen der bäuerlichen Bevölkerung fußt, auch im Zeitalter einer computergesteuerten Holzverarbeitung ihre Bedeutung behalten. Sägewerke kaufen möglichst Kiefern, die aus einem MT-Wald (Myrtillus-Typ) oder VT-Wald (Vaccinium-Typ) stammen, da sie die beste Qualität in bezug auf Festigkeit, Form und Ästigkeit liefern. Betriebe, die Birkensperrholz produzieren, verwenden nur Holz der Waldtypen MT und OMT (Oxalis-Myrtillus-Typ), da nur in diesen Wäldern gerade, schälbare Stämme in ausreichender Dicke wachsen. Zellstoff- und Papierfabriken decken ihren Bedarf mit dem Holz der nordfinnischen Waldtypen EMT (Empetrum-Myrtillus-Typ) und EVT (Empetrum-Vaccinium-Typ), das wegen der geringen Stammdicke nicht zu Schnittholz verarbeitet werden kann und daher billiger ist. Bei der Herstellung von Qualitätspapier dagegen spielt die Herkunft des Holzes wegen der Länge und Festigkeit der Faser wieder eine größere Rolle.

Der Wald in Zahlen

Die in der Übersicht verwendeten Zahlenangaben stammen zwar nicht aus einem einzigen Jahr, sind aber alle statistischem Material aus den 80er Jahren entnommen.

		Finnland	Schweden
Waldfläche in 1000 ha		19 738	23 501
Anteil an der Landfläche	(%)	65,9	57,0
Waldbaumarten:			
Laubbäume	(%)	18	16
Kiefern	(%)	45	38
Fichten	(%)	37	46
Zuwachs und Entnahme in Mio. Festm. mit Rinde			
jährlicher Zuwachs		68,4	75,5
jährliche Entnahme		52,3	58,9
Waldbesitz Privateigentümer	(%)	63	48
Staat + Kommunen	(%)	28	27
Gesellschaften	(%)	9	25
Beschäftigte in der			
Forstwirtschaft		41 000	50 200
Holzindustrie		92 000	142 500
Produktion der Holzindustrie			
Schnittholz in Mio. m³		8,2	11,0
Zellstoff in Mio. t		7,2	8,7
Papier in Mio. t		5,7	5,9

Was der Wald außer Holz noch bietet

Jeder Mitteleuropäer, der einmal im Spätsommer in Schweden oder Finnland Pilze gesammelt hat, ist für die mühselige Herumsucherei in den heimischen Wäldern für immer verdorben. In schier unvorstellbaren Mengen erscheinen in guten Gebieten ab Ende Juli Steinpilze und Pfifferlinge, Rotkappen und Semmelstoppelpilze, um von den eßbaren Arten nur einmal vier besonders häufige zu nennen.

Nicht wesentlich anders sieht es bei den Beeren aus:

Walderdbeeren und -himbeeren, Heidel- und Preiselbeeren reifen im Sommer tonnenweise in den Wäldern
heran. Wer sich die Mühe macht, einmal einen zwei bis
drei Jahre alten Kahlschlag abzusuchen, findet oft soviel
Walderdbeeren, daß er Marmelade davon kochen kann.
Alte, ziemlich lichte Fichtenwälder bringen die beste
Ausbeute an Heidelbeeren.

In den finnischen Wäldern wurden 1985 nicht nur 13 000
Tonnen Wild und 336 000 Stück Pelztiere erlegt, sondern auch 4 970 Tonnen Waldbeeren und 1 000 Tonnen
Waldpilze geerntet. Mit der wirtschaftlichen Bedeutung
der Rentierflechte beschäftigt sich das Kapitel „Grabschmuck aus dem Kiefernwald" ausführlich.

Nach einer Untersuchung der schwedischen Landwirt-
schaftsuniversität liegt der Wert der Beeren in geeigneten Wäldern höher als der der Holzproduktion – wenn
sie sich nur wirtschaftlich richtig nutzen ließen. Da
Beerenpflücken jedoch unter das Jedermannsrecht fällt
und so der Grundeigentümer praktisch kein Zusatzeinkommen hat, werden z. B. Moorflächen, die eine hohe
Ausbeute an Multebeeren bringen könnten, häufig
trockengelegt und mit Kiefern aufgeforstet. Jeder Bürger Schwedens könnte allein auf den Moorflächen Jahr
für Jahr 9 kg Multebeeren, 2 kg Preiselbeeren und 2 kg
Moosbeeren pflücken, wenn er sich nur die Mühe
machte.

Grabschmuck aus dem Kiefernwald

Aus der tischebenen, rund 15 km nordwestlich des Sees
Oulujärvi gelegenen Landschaft, die im wesentlichen
von Äckern auf trockengelegten und abgetorften Mooren geprägt wird, erhebt sich sanft Rokuanvaara, der

„bewaldete Hügel von Rokua". Am Ende der letzten Eiszeit vor 10 000 Jahren stiegen hier Sandberge als Inseln aus dem Baltischen Meer, die der Wind in den folgenden Jahrtausenden zu langgestreckten Dünen formte. Riesige Eisblöcke, sogenanntes „Totes Eis", blieben am Ende der Eiszeit zurück und wurden vom Sand begraben. Als sie schmolzen, entstanden steile, kesselförmige Krater. Diese teils mit Wasser gefüllten, teils moorigen Kessellöcher, die Dünen und Sandplateaus bilden heute eine Landschaft, deren höchster Punkt mit 193 m über NN rund 70 m aus der Umgebung herausragt.

1956 wurden 4,21 km^2 dieser Sandformation als Rokua-Nationalpark unter Schutz gestellt. Dem Besucher, der sich der Südgrenze des Parks auf dem alten, heute holprigen Kaiserweg (Keisarintie), einer wichtigen Poststraße vergangener Jahrhunderte, nähert, bietet sich ein überwältigender Anblick: Der gesamte Kiefernwald, teilweise mit mehr als 100 Jahre alten Bäumen, strahlt in einem seltsamen Licht, so hell leuchtet der Waldboden, den ein dichter Teppich gelbgrauer Flechten fast völlig überzieht. Nur wenige andere Pflanzen wie Heidekraut *Calluna vulgaris*, Wilder Thymian *Thymus serpyllum* und Zypressenbärlapp *Diaphasium tristachyum*, im Sommer einige Täublinge, sind zwischen den dichten Polstern der Rentierflechten *Cladonia stellaris* und *Cladonia rangiferina* zu entdecken. Die kugelförmige, etwas gelblichere *Cladonia stellaris* überwiegt und wächst auch höher, so daß man die kleinere, stark verzweigte *Cladonia rangiferina* oft erst durch ihre grauere Farbe wahrnimmt.

Die Voraussetzungen für diesen dichten Flechtenteppich, wie er in Skandinavien nur an wenigen anderen

Stellen mit ähnlichen Voraussetzungen zu sehen ist, werden einerseits durch den trockenen, nährstoffarmen Sandboden, der anspruchsvolleren Pflanzen nicht genügt, andererseits durch fehlende Beweidung mit Rentieren geschaffen.

Sehr bequem erreicht man das Gebiet von der nördlich des Nationalparks gelegenen Ferienanlage Rokuan Talo, wo man auch ein Informationsblatt erhalten kann. Von dort führen markierte Wege in den Park. Besonders bei trockenem Wetter sollte man auf einem der ohnehin vielen Pfade bleiben, denn die ausgetrockneten Flechten zersplittern unter jedem Fußtritt zu Staub. Dabei wächst die schöne *Cladonia stellaris* noch langsamer als andere Arten und wird, nachdem sie die Form eines kugeligen Bäumchens erreicht hat, noch etwa 4 bis 6 mm im Jahr größer. Doch wenn an regnerischen Tagen die Flechten aufgequollen und biegsam sind, sollte man einmal ausprobieren, wie unvorstellbar weich man auf einem solchen Teppich läuft.

Auch wenn der Rokua-Nationalpark der kleinste in Finnland ist, so ist er einen Besuch doch allemal wert. Am See Pitkäjärvi mitten im Park darf man zelten und kochen, doch sollte man bei trockenem, windigem Wetter kein Lagerfeuer entzünden, sondern besser einen Kocher benutzen.

Wie die Flora ist auch die Fauna des Parks ziemlich artenarm. Kolkrabe und Auerhahn brüten hier, auf den kleinen Seen kann man Schellente, Stern- und Pracht-

---

Folgende Seiten: Links: Flechten im Rokua-Nationalpark, überwiegend *Cladonia stellaris*.
Rechts: Flechtenstiegen (zur Gewinnung von Eisenbahnbäumchen und Grabschmuck) im Rokua-Nationalpark.

taucher entdecken, durch die Kiefern streifen Bergfinken und Kreuzschnäbel. Größere Säugetiere wird der Besucher kaum zu Gesicht bekommen, auch wenn der Marder in diesem Gebiet heimisch ist.

Seit den 20er Jahren dieses Jahrhunderts wird die kugelige *Cladonia stellaris* in der Umgebung des Nationalparks für Dekorationszwecke gesammelt. Mindestens 50 Jahre muß ein Wald alt sein, bevor die Flechte eine brauchbare Qualität erreicht. Dann kann man im Abstand von 5 Jahren die größeren Exemplare aus den Polstern herausnehmen. Von der gepflückten Flechte dürfen höchstens 10 Prozent unter 8 cm hoch sein.

Die besten Flechten erntet man in Wäldern, die so alt sind, daß sich das Wachstum der Bäume schon verlangsamt hat, die aber zum Fällen noch zu jung und unrentabel sind. Hier findet *Cladonia stellaris* die besten Wachstumsbedingungen. In zu lichten Wäldern wird es zu schnell trocken, in zu schattigen Wäldern kann sich die Flechte nicht gegen die übrige Flora durchsetzen.

Nur bei feuchtem Wetter kann die Flechte gepflückt werden, weil sie in trockenem Zustand unter den Händen zerbrechen würde. Die Flechtenbäumchen werden in etwa 60 mal 40 cm große Holzstiegen gepackt, in denen sie, luftdurchlässig übereinandergestapelt, langsam abtrocknen. Um auch bei trockenem Wetter ernten zu können, beregnen manche Sammler die Flechten künstlich, worunter allerdings die Qualität der Ware leiden soll.

Das Pflücken der Flechte sichert einigen hundert Leuten in der Gegend ein gutes Zusatzeinkommen. Auch wenn man in einem Wald bis zum Alter von 150 Jahren höchstens 20 Mal ernten kann, entspricht der Erlös aus den Flechten doch mindestens dem Wert des Holzes.

Darum sucht man auch nach Waldwirtschaftsmethoden, die gleichermaßen Einnahmen aus Flechte und Holz sichern. Waldbrände zerstören die Flechte so gründlich, daß über 100 Jahre vergehen, bis wieder eine geschlossene Decke entstanden ist.

In der Genossenschaft in Nuojua, einige Kilometer östlich des Nationalparks, werden die Stiegen mit den Flechten zentral gelagert, weiter abgetrocknet und schließlich zu je zwei Lagen in Kartons verpackt. So werden sie dann fast ausschließlich in die Bundesrepublik Deutschland exportiert, wo aus ihnen größtenteils Kränze und Gestecke zu Allerheiligen und Totensonntag sowie Material für den Modellbau hergestellt werden. Im Jahre 1985 exportierte Finnland 585 Tonnen Flechten.

Flechten – eine Notehe zwischen Pilz und Alge

Etwa 2 000 Flechtenarten gibt es in Skandinavien. Sie waren am Ende der Eiszeit die ersten, die das öde Land wieder in Besitz nahmen und eine Basis für höhere Lebensformen schufen.

Keine andere Pflanzengruppe kann so extreme Standorte besiedeln wie die Flechten. Sie bilden die einzige Vegetation der Hocharktis, wachsen auf nackten Steinflächen, überstehen die höchsten Sommer- und die niedrigsten Wintertemperaturen, kommen monate- und jahrelang ohne einen Tropfen Niederschlag aus und treiben bei $-20\,°C$ noch Photosynthese. Dabei können sie mehrere hundert, ja tausend Jahre alt werden.

Flechten sind ein erfolgreicher Doppelorganismus aus Pilz und Alge, eine Arbeitsgemeinschaft, die zusammen leistungsfähiger ist als der Einzelorganismus. Dem Pilz fehlt Chlorophyll und damit die Fähigkeit zur Photosynthese, die Fähigkeit also, anorganische Stoffe wie Wasser und Licht in organische Stoffe wie Kohlenhydrate umzuwandeln. Dies können die chlorophyllreichen einzelligen Grün- und Blaualgen um so besser, aber sie vermögen nicht solch extreme Standorte zu erobern, wenn sie nicht durch das Gewebe ihres Pilzpartners vor den klimatischen Unbilden wie Trockenheit und Kälte geschützt werden. Eine empfindliche Balance erhält diese Notehe aufrecht, die übrigens sofort geschieden wird, sobald sich die Bedingungen für einen der Partner so verbessern, daß er auch allein existieren kann.

Für viele Flechtengattungen ist die Systematik noch unklar, und eine genaue Bestimmung der Art ist oft ohne die Untersuchung mikroskopischer Merkmale oder chemischer Reaktionen gar nicht möglich. Der Flechtenkörper, der als Thallus bezeichnet wird, ist nicht wie bei anderen Pflanzen in Wurzel, Stengel und Blätter gegliedert. Seine äußere Gestalt wird immer durch die Pilzart bestimmt. Als Unterscheidungsmerkmal hat die Form wissenschaftlich keine Bedeutung. Für den Naturfreund dagegen, der sich zuerst an der Schönheit der Flechten erfreut und nur etwas Ordnung in der Vielfalt ihrer Erscheinungsformen haben will, reicht jedoch eine Unterscheidung in Krusten-, Blatt- und Strauchflechten aus.

K r u s t e n f l e c h t e n erscheinen als körniger und schuppiger Thallus, der so fest mit der Unterlage, meist Stein, verbunden ist, daß er sich kaum von ihr ablösen läßt. Sie wachsen nur etwa 1 mm im Jahr, in kalten Regionen noch weniger. Gerade bei den Krustenflechten sind die Arten ohne Hilfsmittel oft nicht zu bestimmen. Eine besonders schöne, leicht erkennbare Krustenflechtenart ist die im skandinavischen Gebirge weit verbreitete Landkartenflechte, deren gelbgrüner Thallus von schwarzen Fruchtkörpern begrenzt wird.

Blattflechten bilden einen blattähnlichen Thallus aus und sitzen meist ziemlich locker auf der Unterlage, einem Stein oder direkt auf dem Boden. Sie wachsen etwa 5–10 mm im Jahr, einige Arten sogar mehr.

Strauchflechten besitzen schmale Thalli, die stark verzweigt sind und die Flechte wie einen kleinen Strauch aussehen lassen. Sie wachsen entweder aufrecht auf dem Boden oder hängen von Bäumen herab. Die baumbesiedelnden Arten werden, wenn ihre Thalli lang und rund sind, als Bartflechten bezeichnet. In ganz Skandinavien verbreitet und von großer wirtschaftlicher Bedeutung sind die zu den Strauchflechten gehörenden Rentierflechten wie *Cladonia stellaris* und *Cladonia rangiferina*. Sie wachsen etwa so schnell wie Blattflechten. Schon lange bevor in der Gegend von Rokua die ersten Flechten zu Dekorationszwecken gesammelt wurden, wußten die Menschen diese Pflanzengruppe vielfältig zu nutzen. In Hungerzeiten, die in den vergangenen Jahrhunderten gerade in Skandinavien nicht selten waren, wurde der Brotteig mit gemahlenen Flechten gestreckt. Auf Island wurden zwei Tonnen Mehl aus Isländisch Moos *Cetraria islandica* wie eine Tonne Roggen besteuert. Die Blattflechten *Parmelia omphalodes* und *Parmelia saxatilis* waren lange ein wichtiges Färbemittel. So schreibt Carl von Linné 1732 in seiner „Lappländischen Reise" über die Aland-Inseln, daß dort „die Frauenzimmer mit *Lichenoides saxatile* (heute *Parmelia saxatilis*, Anm. d. Verf.) färben, mit einer Farbe, die an Menschenkot erinnert ... und färben damit nur Wolle oder Strümpfe..." Selbst in der modernen Parfumindustrie spielen die Strauchflechten *Evernia prunastri* und *Pseu-*

devernia furfuracea als Trägersubstanzen für Duftstoffe eine wichtige Rolle.

Ihre größte wirtschaftliche Bedeutung haben in Skandinavien die Flechten jedoch als Nahrung der Rentiere. Im Sommer nehmen diese zwar auch Gräser und Kräuter auf, aber während der anderen Jahreszeiten ernähren sie sich fast ausschließlich von Flechten. Etwa 2 kg braucht dann ein Tier jeden Tag, und wo eine Herde gründlich gefressen hat, vergehen 10 bis 15 Jahre, bevor die Fläche erneut beweidet werden kann. Wenn wertvolle Renweidegebiete zunehmend der industriellen und touristischen Erschließung geopfert werden, führt das schnell zur Überweidung der verbleibenden Flächen.

Wie kaum eine andere Pflanzengruppe sind die Flechten durch Luftverschmutzung gefährdet. Das Vorhandensein oder Fehlen bestimmter Arten gilt als zuverlässiger Zeiger für die Qualität der Luft. Andere Pflanzen nehmen Nährstoffe über ihre Wurzeln aus dem Boden auf, Flechten dagegen absorbieren ihre Nahrung mit der gesamten Oberfläche aus der Luftfeuchtigkeit oder nehmen sie von der Unterlage auf. Wird die Luft saurer, sterben baumbesiedelnde Flechtenarten besonders schnell, auf Steinen sitzende Arten halten die Verschmutzung oft besser aus, weil manche Gesteinsarten den sauren Niederschlag neutralisieren.

Noch ist nicht im Detail bekannt, wie die Flechten geschädigt werden, aber besonders empfindlich reagieren sie auf Schwefeldioxid (SO_2) und Stickoxide (NO_x). Schwefeldioxid, andere saure Stoffe und einige Metalle lassen das grüne Chlorophyll in ein braunes Pigment übergehen, das sich nicht an der Photosynthese beteiligen kann.

Doch nicht nur Versäuerung und andere Luftverunreinigungen sind für das Verschwinden mancher Flechten verantwortlich zu machen. So bewirkten Veränderungen in der Waldwirtschaft einen starken Rückgang der ehemals in Südschweden weit verbreiteten Cetraria-Arten. Altersklassenwälder, in denen es keine sukzessive Verjüngung mehr gibt, kürzere Umtriebszeiten und ein trockeneres Mikroklima aufgrund von Entwässerungen verschlechterten die Lebensbedingungen dieser Strauchflechten nachhaltig.

Der radioaktive Niederschlag, der nach dem Reaktorunglück von Tschernobyl im April 1986 mit dem Regen über weite Teile Skandinaviens niederging, hat gerade die Flechten in einem sehr hohen Maße mit Cäsium 137 verseucht. Aufgrund ihrer Ernährungsweise wurden sie dreimal stärker verstrahlt als andere Pflanzen und werden frühestens Anfang der 90er Jahre wieder unbedenklich als Rennahrung genutzt werden können. (Siehe dazu näheres im Kapitel „Wieder genießbar durch Verwaltungsakt".)

Säugetiere in Schweden–Finnland

Die großen Raubsäuger –
gehaßt, verfolgt, fast ausgerottet

Die großen Raubsäuger Bär, Wolf, Luchs und Vielfraß waren jahrhundertelang der Schrecken von Renzüchtern und Bauern und wurden gnadenlos von ihnen verfolgt. Die schwierige Jagd auf diese Tiere und unzählige „gefährliche" Begegnungen führten dazu, daß die Gefräßigkeit des Vielfraßes, die Gefährlichkeit des

Wolfes, die Stärke des Bären und die Sinnesschärfe des Luchses geradezu sprichwörtlich wurden.

Kein Raubtier war bei den Völkern des Nordens so verhaßt und gefürchtet wie der Vielfraß; denn ihm fallen beispielsweise rund doppelt so viele Rentiere zum Opfer wie dem Luchs und siebenmal so viele wie dem Bären. Der deutsche Name dieser größten Marderart ist wohl durch eine falsche Ableitung vom älteren norwegischen Namen fjeldfross = Bergkatze entstanden. Anfang der 60er Jahre war der Vielfraß stark vom Aussterben bedroht, doch hat sich beispielsweise in Schweden der Bestand nach seiner Unterschutzstellung 1969 dank einer hohen Reproduktionsrate sehr schnell erholt. Zwar durchstreifen Vielfraße immer wieder einmal die fjällnahen Wälder Mittelschwedens und -finnlands, doch eigentlich ist dieses höchst selten zu beobachtende Tier in den nördlichen Provinzen Norrbotten und Lapinlääni zu Hause.

Auch wenn immer wieder einmal Wölfe beobachtet oder erlegt werden, so gilt der Wolf heute in ganz Skandinavien als biologisch ausgerottet; denn die wenigen verbliebenen Tiere stellen keinen lebensfähigen Bestand mehr dar. Nach Meinung skandinavischer Wildbiologen kann eine Wolfspopulation genetisch nur gesund bleiben, wenn sie mindestens 50 vermehrungsfähige Tiere umfaßt. Wie schon lange zuvor in Mitteleuropa scheint der Wolf selbst in den weitaus dünner besiedelten Ländern Skandinaviens keine Zukunft mehr zu haben.

Der Braunbär – wieder stark im Kommen

Beinahe hätte auch den Braunbären das Schicksal des Wolfes ereilt. Obwohl er überwiegend Pflanzen frißt

Europäischer Braunbär: In freier Natur wird ihn der Reisende wohl kaum zu sehen bekommen.

und daher unter Haus- und Wildtieren weniger Schäden anrichtete, wurde der Bär genauso gnadenlos verfolgt. Bis zur Mitte des vergangenen Jahrhunderts hatte man den Braunbären in den südlichen Provinzen Schwedens und Finnlands so gut wie ausgerottet. Im Sommer 1856 wurden auf einer Treibjagd in Dalarna, an der 4000 Männer teilnahmen, noch einmal 23 Bären erlegt. Damit hatte man dem süd- und mittelschwedischen

Bärenstamm den Todesstoß versetzt. Von einigen kleinen, isolierten Beständen abgesehen, kamen in Schweden Bären jetzt nur noch in den nördlichen Gebirgsregionen vor. In Finnland blieb ein kleiner Bestand in den nordöstlichen Grenzgebieten zu Russisch-Karelien erhalten. Vor 40 Jahren lebten höchstens noch je 150 Bären in Schweden und Finnland, zu wenig, um eine regelmäßige Nachkommenschaft sicherzustellen und eine genetische Verarmung durch Inzucht zu vermeiden.

Dennoch streifen heute wieder mindestens 1000 Bären durch die Wälder, etwa 600 in Schweden und 400 in Finnland. Mit verschärften Jagdbestimmungen und anderen Schutzmaßnahmen allein ist der Wiederaufschwung in der Population allerdings nicht zu erklären. Bären haben ausgesprochen wenig Nachkommen. Erst im Alter von drei bis vier Jahren wird eine Bärin geschlechtsreif und wirft dann in der Regel nur in jedem dritten Jahr zwei bis drei Junge.

Erheblich beschleunigt wurde der Aufschwung durch die Verwandtschaft aus dem Osten. In Russisch-Karelien wurde der Bärenbestand im Jahr 1980 auf rund 3000 Tiere geschätzt, was nicht nur eine weit größere Stückzahl, sondern auch eine erheblich höhere Dichte bedeutet. Von ihren Eltern aus deren Lebensraum vertrieben, wechseln in jedem Jahr rund 80 bis 90 halbwüchsige Bären auf die dünner besiedelte Seite der Grenze und wandern von dort west- und südwärts bis zum Bottnischen Meerbusen und nach Mittelschweden. Die Wahrscheinlichkeit, Meister Petz in freier Wildbahn zu begegnen, ist aber selbst in Ströms Vattudal im nördlichen Jämtland, dem Gebiet mit der höchsten Bärendichte Schwedens, oder im „Bärennationalpark"

Sonfjället in Härjedalen sehr gering. Schlechte Erfahrungen mit den Menschen lassen den zottigen Braunen schleunigst das Weite suchen, sobald er Witterung von ihnen aufnimmt.

Gefährlich wäre eine Begegnung mit dem im Verhältnis zu seinen amerikanischen Brüdern ziemlich kleinen skandinavischen Braunbären grundsätzlich nicht, solange man ihn nicht bedrängt. Edvin NILSSON, lange Jahre Aufseher im Sarek-Nationalpark, ist bei seiner Arbeit im Park häufig auf Bären getroffen und berichtet, „daß nicht ein einziger von ihnen aggressiv auftrat, obwohl ich doch sehr nahe mit Bären in Kontakt gekommen bin, teils im Weidendickicht, teils auf den nackten Felsklippen oberhalb der Baumgrenze, obwohl ich sie von Elchkadavern gescheucht habe und mehrere Male einer Bärin mit Jungen dicht gegenüberstand."

Wer gern einmal Braunbären in halbwegs natürlicher Umgebung beobachten möchte, sollte einen Aufenthalt in Schweden mit einem Besuch des Bärenparks Grönklitt in der Nähe von Orsa am Siljansee verbinden. In dem 1986 eröffneten Wildgehege, das in Zusammenarbeit mit Raubtierexperten geplant wurde, leben auf einer Fläche von 80 000 m² bis zu 15 Braunbären. Von zwei Aussichtsrampen, die sich über die Einzäunungen erheben, bieten sich gute Beobachtungs- und Fotografiermöglichkeiten.

Der Lebensrhythmus des Bären wird im wesentlichen durch die Überwinterung bestimmt. Entweder hält er Winterruhe, oder er erholt sich davon oder bereitet sich wieder darauf vor. In den langen skandinavischen Wintern ruht der Braunbär von Oktober bis April. In einer mit Gras und Heu ausgepolsterten Höhle in Felsen oder an einem Abhang schläft er bei unveränderter Körpertemperatur ziemlich fest, kann aber bei Gefahr oder mildem Wetter aufwachen. Während dieser sechs Monate frißt und säuft er nicht, sondern zehrt ausschließlich von seinen Fettpolstern. Pro Tag verliert er rund 200 g Gewicht und erscheint im April gut ein Drittel leichter als im Herbst wieder an der Frühlingssonne.

Jetzt steht ihm der Sinn zunächst nach tierischem Eiweiß. Ihm reichen dann auch Aas oder gar Ameisenlarven, falls ihm nicht ein krankes Tier als leichte Beute zufällt. Doch es ist schon kurios, daß dieses größte europäische Raubtier seinen hohen Energiebedarf von täglich etwa 40 000 Kilojoule (ein erwachsener Mann braucht etwa 12 000 kJ) überwiegend mit pflanzlicher Nahrung deckt. Schon im Hochsommer leben die Bären fast rein vegetarisch. Wie Kühe stehen sie in den lichten Birkenwäldern an der Baumgrenze oder im Weidendikkicht der Flußtäler, wo sie Alpenmilchlattich und Erzengelwurz abweiden und nach nahrhaften Wurzelstöcken graben. Im Spätsommer fressen sie sich mit vitamin- und zuckerreichen Blau-, Rausch- und Multebeeren die notwendigen Winterreserven an. Manchmal gibt es im Herbst für die kräftigen Raubtierzähne noch etwas Fleisch zu kauen.

In beiden Ländern wird der Braunbär seit einiger Zeit wieder bejagt, wobei jedoch die Bestandserhaltung eindeutigen Vorrang hat. Schwedische Jäger erlegten in den letzten Jahren durchschnittlich 25 Tiere pro Jagdsaison. Darunter waren hauptsächlich sogenannte „Schlagbären", d. h. Tiere, die eine zu große Vorliebe für Fleisch entwickelt hatten und unter Haustieren wie Schafen, Ziegen und Renen erheblichen Schaden anrichteten.

Der Luchs – lange verfolgt, jetzt wieder erwünscht

In stärkerem Maße als die anderen großen Raubsäuger ist der Luchs an den Lebensraum Wald gebunden. Doch können seine Pirschgänge auch ihn durchaus bis aufs Fjäll hinaufführen, wo sich möglicherweise ein unaufmerksames Rentier überrumpeln läßt.

Auch bevor er vom Menschen verfolgt wurde, war der Luchs in Skandinavien nie besonders zahlreich. Er ist ein ausgesprochener Einzelgänger, der ein ungewöhnlich großes Revier (bis zu 600 km²) für sich beansprucht. Fast hätte er im Norden das gleiche Schicksal erlitten wie in Mitteleuropa, wo er schon im vergangenen Jahrhundert ausgerottet wurde und wo man sich heute um eine Wiedereinbürgerung bemüht. In Skandinavien hat sich der Luchsbestand in den letzten Jahrzehnten jedoch wieder erholt, und auch ohne menschliche Hilfe erobert die Raubkatze ehemalige Verbreitungsgebiete zurück.

Auch der Luchs ist hervorragend an das Leben in kalten und schneereichen Gebieten angepaßt. Das im Winter graubraune und mehr oder weniger gefleckte Fell ist sehr dicht. Die mit Haaren gepolsterten Pfoten sind ausgesprochen breit, so daß die langen Läufe kaum im Schnee einsinken. Dank ihrer Beweglichkeit kann die Katze im Winter Tiere erbeuten, die größer sind als sie. Die Lieblingsbeute des Luchses sind Rehe. Sie haben sich in den letzten Jahrzehnten in Skandinavien wie überall in Europa stark vermehrt, was sicherlich die Wiederausbreitung des Luchses begünstigt hat. Neben

Vorige Seite:
Verfolgter Einzelgänger: Europäischer Luchs
Lynx lynx. Der Bestand in Skandinavien beginnt sich zu erholen.

Rehen stehen Elch- und Renkälber, Schneehasen, Eich-hörnchen und Vögel auf dem Speiseplan, und selbst Marder und Rotfüchse verschmäht der Luchs nicht.

Der Luchs ist ein Pirschjäger, der seine Opfer weder durch enorme Kraft überwältigt noch durch große Ausdauer erschöpft. Auf leisen Pfoten durchstreift er sein Revier und beobachtet, auf Felsblöcken oder Baumstümpfen sitzend, das Gelände. Hat er ein Beutetier entdeckt, versucht er, sich auf weniger als 20 Meter anzuschleichen und es nach einem kurzen Sprint zu übertölpeln. Durch die Auswertung von Spuren hat man herausgefunden, daß der Jagderfolg erheblich sinkt, wenn der Sprint über mehr als 30 Meter geht, weil das Opfer wachsam genug war. Holt er das Tier innerhalb von 50 Metern nicht ein, gibt er die Verfolgung meist auf. Führt sein Überraschungsangriff zum Erfolg, tötet er die Beute mit einem gezielten Biß in die Kehle. Jahrhundertelang war der Luchs als heimtückischer „Massenmörder des Waldes" verschrien, der aus reiner Mordlust mehr Tiere reißt, als er zum Überleben braucht. Doch Töten als Sport kann sich das Pinselohr gar nicht leisten. Wie alle Raubtiere darf auch der Luchs für die Jagd nicht mehr Energie verbrauchen, als er durch die Beute zurückbekommt. Heute wissen wir, wie selten seine Pirsch zum Erfolg führt. Er reißt zumeist Tiere, die entweder durch Krankheit geschwächt oder – wie die halbdomestizierten Rene – nicht wachsam genug sind. So schöpft der Luchs in der Regel nur Ausschuß und Überschuß ab und trägt so wesentlich zur Gesunderhaltung des Wildbestandes bei. Heute ist er deshalb selbst bei Jägern eher gern gesehen. Oft genug muß er seinen Hunger ohnehin mit Kleinsäugern und Vögeln stillen.

Der Moschusochse –
ein Ureinwohner kehrt zurück

Vor nicht ganz 20 Jahren wurde Schwedens Fauna überraschend um eine Säugetierart reicher: Der Moschusochse war zurückgekehrt. 10 000 Jahre zuvor war er schon einmal in Schweden heimisch, war aber als kälteliebende Art am Rande des abschmelzenden Inlandeises der zunehmenden Erwärmung in hocharktische Gebiete ausgewichen. Im August 1971 hatte eine Gruppe von 5 Moschusochsen ihre Stammherde auf dem norwegischen Dovrefjell verlassen und war nach Osten über die Grenze auf das Härjedalsfjäll gewandert. 1976 stieß noch ein weiteres Tier aus Norwegen zu den schwedischen Neubürgern, die sich mittlerweile auf 11 Tiere vermehrt hatten. Anscheinend fühlen sie sich in der neuen Heimat sehr wohl; denn heute ist die in mehrere Gruppen geteilte Herde schon auf über 30 Mitglieder angewachsen.

Der Name dieses kurzbeinigen und daher etwas plump wirkenden Pflanzenfressers ist irreführend: Der Moschusochse ist weder ein Rind – eher ist er mit Schafen und Ziegen verwandt – noch liefert er Moschus, einen Duftbestandteil von Parfums. Der Moschus wird vom Moschustier, einer kleinen asiatischen Hirschart, gewonnen.

Während der letzten Eiszeit waren Moschusochsen über Nordamerika, Nordasien und Europa – sogar Norddeutschland – verbreitet, zogen sich aber mit Beginn der Warmzeit bis in die nördlichsten Teile Nordamerikas und nach Ostgrönland zurück. Nur dort haben sie überlebt. So wurde die Art erst 1869 entdeckt, ausgesprochen spät für ein Tier dieser Größe.

Keineswegs ungefährlich: Moschusochse *Ovibos moschata*.

In diesem Jahrhundert hat man mehrfach versucht, Moschusochsen außerhalb ihres zuletzt verbliebenen „natürlichen" Verbreitungsgebietes wiederanzusiedeln. Auf der Insel Nunivak vor Alaska und auf Westgrönland waren diese Versuche von Erfolg gekrönt, auf Spitzbergen und Island scheiterten sie. Von den 38 Kälbern, die man seit 1932 auf dem norwegischen Dovrefjell ausgesetzt hat, überlebten nur einige Tiere, so daß die Herde bis heute klein blieb.

Vielleicht ist das Klima in Norwegen noch zu warm und zu feucht; denn wie kaum ein anderes Tier ist der Moschusochse an die Lebensbedingungen der Hocharktis angepaßt. Sein bis zu 70 cm langes Fell ist so dicht, daß er eher im Sommer mit der Wärme als im Winter mit der Kälte zu kämpfen hat. Rasen im Winterhalbjahr Schneestürme über das kahle Gebirge, stellt sich die Herde zu einem Kreis zusammen und nimmt die empfindlichen Jungtiere in die Mitte. Tagelang kann die Herde so verharren, bis eine Wetterbesserung eintritt. An hochgelegenen Stellen, wo der Wind den Schnee weggeweht hat, sucht der Moschusochse dann Gräser, Moose und Flechten, die ihn aber kaum über den Winter bringen würden, hätte er sich nicht im Sommer eine ordentliche Fettschicht angefressen, von der er nun zehren kann.

Im Laufe seiner Evolution entwickelte der Moschusochse eine Verteidigungsstrategie, die gegen seine natürlichen Feinde so wirksam war, daß er auf eine tarnende Winterfellfarbe, wie sie andere Arktisbewohner haben, verzichten konnte. (Sein schwarzbraunes Winterkleid vermag dafür jeden wärmenden Sonnenstrahl zu speichern.) Beim ersten Anzeichen einer Gefahr bilden die erwachsenen Tiere sofort eine dichte Reihe, mit den Kälbern hinter sich. Greifen mehrere Feinde an, schließt sich die Reihe um die Jungen zu einem Kreis. Der Angreifer trifft auf eine geschlossene Wand aus kräftigen Hornplatten, die bei den Bullen den Schädel wie ein Helm bedecken. Aus diesem lebenden Wall schießen einzelne Tiere blitzschnell hervor, attackieren einen der Belagerer mit einer hiebartigen Aufwärtsbewegung der spitzen Hörner und kehren rückwärts in den Kreis der Verteidiger zurück. So sehr hat sich diese Igelstellung über Jahrtausende gegen Wolf und Bär bewährt, daß sich andere Verhaltensweisen gegen Feinde gar nicht ausgebildet haben.

Gegen den Menschen und seine Errungenschaften hat sich diese Strategie jedoch als verhängnisvoll erwiesen.

Da die Tiere auch dann nicht fliehen, wenn bereits der Großteil der Herde gefallen ist, brachten schon primitive Völker mit nicht mehr als Pfeil und Bogen den eurasischen Moschusochsen an den Rand der Ausrottung. Bevor ein Jäger auch nur ein einziges Tier als Beute an sich nehmen konnte, mußte er alle getötet haben. Nach ihrer Entdeckung durch die Europäer starben die Herden im Feuer der Gewehre nur so dahin.

Uninformierte Touristen, die sich den vermeintlich zahmen Tieren zu sehr nähern, bringen sich in erhebliche Gefahr. Zwar hat es in Schweden bisher nur Verletzte gegeben, aber in Norwegen sind bereits zwei Menschen durch Moschusochsen ums Leben gekommen. Darum hat die Bezirksregierung Jämtlands für Wanderer, die zufällig auf Moschusochsen treffen, und für Naturfreunde, die die Tiere aufsuchen, um sie zu beobachten oder Fotos von ihnen zu machen, eine Reihe von Verhaltensempfehlungen herausgegeben (s. Seite 82).

Nicht nur wegen der Gefahr, die von ihnen ausgeht, ist die Freude über die Einwanderer durchaus geteilt. Ende Juni, Anfang Juli wechseln die Tiere von ihrer Winterweide bei Storvålen/Fiskbäcksvålen, wo die Kühe Ende Mai kalben, etwa 30 Kilometer nach Westen auf ihre Hochsommerweiden im norwegischen Femundmarka-Nationalpark. Dabei wandern die Moschusochsen in mehreren Gruppen durch den Talzug, durch den zur gleichen Zeit die Rene der Samengemeinde Tännäs zur Renscheidung getrieben werden. So mußten in einigen Jahren die Moschusochsen mit dem Hubschrauber oder zu Fuß aus bestimmtem festgesetzten Gebieten verjagt werden. Die entstandenen Kosten – einige tausend Kronen pro Jahr – wollten die Reneigner von der Bezirksregierung natürlich erstattet haben. Doch trotz der ab und

Vorsicht Moschusochsen!

— Moschusochsen fliehen normalerweise nicht vor dem Menschen, aber sind ihm gegenüber auch nicht neugierig. Sie reagieren jedoch gereizt auf zu starke Annäherung. In diesem Fall können sie zur Gefahr werden. Halten Sie daher stets einen Sicherheitsabstand von wenigstens 100 Metern ein!

— Vermeiden Sie in der Nähe von Moschusochsen alle lauten Geräusche und auffälligen Bewegungen!

— Gereizte Tiere werden unruhig und äußern Drohgebärden wie Schnauben und Hufscharren. Verlassen Sie dann sofort ohne Hast die Stelle!

— Einige Tiere entfernen sich mitunter weit von der Herde. Seien Sie deshalb darauf gefaßt, Einzeltiere auch dort zu treffen, wo Sie es eigentlich nicht erwarten!

— Zur Zeit des Kalbens im späten Frühjahr reagieren die Tiere besonders empfindlich auf Störungen.

— Wenn sich Moschusochsen in einer Gegend aufhalten, wo sie leicht zur Gefahr werden können, sollten Sie die Polizei benachrichtigen.

zu fälligen Entschädigungen zieht die Provinz Härjedalen eher Nutzen aus den langhaarigen Neubürgern. Die Moschusochsen sind zu einem gut verkaufbaren Kennzeichen der Provinz geworden. Sie zieren als Enblem jede Fremdenverkehrsbroschüre und locken Urlauber in die auf Tourismus angewiesenen Gebirgsgemeinden. Der Urlauber, der diese Tiere auch einmal in der Natur sehen möchte, wird vor Ort feststellen müssen, daß dies gar nicht so einfach ist. Das Hochsommerrevier der Moschusochsen bei Muggsjölia im norwegischen Femundmarka-Nationalpark ist von Schweden aus in einer Tageswanderung kaum zu erreichen. Erst im Spätsommer und Herbst sind die Tiere wieder auf schwedischem Boden. Dann kann man von Tänndalen oder Tännäs aus versuchen, sie zwischen dem Muggsjö und Storvålen, wo sie etwa im November eintreffen, aufzuspüren. Wer erst einmal den südwestlichen Rand des Kalfjälls erreicht hat, aber die Moschusochsen nicht findet, der wird wenigstens mit einer tollen Aussicht auf die mit unzähligen kleinen Gewässern übersäte Landschaft zwischen den großen Seen Femund und Rogen belohnt.

Der Elch – gefräßig und geburtenstark

In der aufkommenden Abenddämmerung fährt ein vollbesetzter Personenwagen mit gerade noch erlaubten 110 Stundenkilometern auf einer Hauptverkehrsstraße durch Südschweden. Von rechts nähern sich drei Elche, eine Kuh mit zwei Kälbern. Sie traben, vom Verkehr völlig unbeeindruckt, über das freie Feld zügig auf die Autostraße zu. Ein Zusammenprall scheint unvermeidlich. Der Fahrer bremst, die Räder blockieren, der Wagen gerät ins Schleudern. Sekundenbruchteile später rutscht er um Zentimeter an zwei entgegenkommenden Kleinlastwagen vorbei in den Straßengraben. Nur mühsam bringen die nachfolgenden Fahrer ihre Autos unbeschadet am Straßenrand zum Stand. Die Elche haben es sich kurz vor Erreichen der flachen Straßenböschung anders überlegt und abgedreht. Als Silhouetten sieht man sie im letzten Abendlicht über den nächsten Hügelkamm verschwinden.

So oder ähnlich verlief in den letzten Jahren immer häufiger die erste Begegnung eines mitteleuropäischen Touristen oder eines Großstädters in Schweden oder

Finnland mit diesem größten europäischen Landsäugetier. Und Presseberichte über Elche als Verkehrshindernis auf Eisenbahnlinien, als Kletterkünstler auf Feuerleitern von Hochhäusern und sogar als Prellbock in U-Bahnschächten mitten in Stockholm machten vor einiger Zeit auch in Zentraleuropa darauf aufmerksam, daß sich in den letzten beiden Jahrzehnten im Leben dieser skandinavischen Hirschart etwas abgespielt hatte, das unter den Großtieren Europas bisher ohne Beispiel war: eine enorme Massenvermehrung, deren Ursachen zunächst unerklärlich waren.

Der Skandinavienurlauber, der deswegen glaubt, Elchen gleich rudelweise in jedem Wald zu begegnen, wird enttäuscht nach Hause zurückkehren. Obwohl jede Zeile in dem Bericht seiner Heimatzeitung die Hoffnung auf den Anblick eines kapitalen Burschen mit mächtigen Schaufeln, möglichst in Fotoentfernung am Ufer eines spiegelglatten Sees, genährt hatte, wird er den Elch weiterhin nur aus der Möbelwerbung kennen. Schließlich sind Elche dämmerungsaktiv und werden stark bejagt, was sie in der Regel Bekanntschaften mit Menschen aus dem Wege gehen läßt. Und ein Mensch tut seinerseits gut daran, dieses Tier nicht allzunah an sich heranzulassen, weder auf der Straße noch im Gelände. Schließlich ist ein Elch in der Lage, einem Wolf oder einem Bären mit der scharfen Kante seines Vorderhufs ohne weiteres den Schädel zu spalten. Europäische Elche werden immerhin bis zu 2,80 m lang, 2,20 m hoch und 530 kg schwer (und bleiben damit im Vergleich zu den Exemplaren aus Alaska und Ostasien noch ziemlich zierlich). Ein Elch ist so groß wie ein Pferd, aber ganz anders proportioniert. Seine Beine sind im Verhältnis zum Rumpf sehr lang. Damit ist er

hervorragend an seinen von Seen, Sümpfen und Mooren durchzogenen Lebensraum im skandinavischen
Wald angepaßt. Mit seinen spreizbaren Zehen kann er
sich auf dem weichen Untergrund gut bewegen, und er
schwimmt ausgezeichnet. Im Wald findet er nicht nur
ganzjährig ausreichend Nahrung, sondern auch Dek-
kung und Schutz vor winterlichen Schneestürmen. Trotz
seiner imposanten Erscheinung lebt er sehr heimlich
und zurückgezogen.

Wer dennoch unbedingt einen Elch in halbwegs „natürlicher" Umgebung sehen will, fährt am besten zu Halle-
und Hunneberg am Südufer des Vänern; denn diese
Tafelberge sind königliches Jagdrevier mit ziemlich
unbehelligten und darum kaum scheuen Tieren. Sie
hielten zudem mit ihren gehegeähnlichen Bedingungen
lange Jahre den schwedischen Elchdichte-Rekord mit
mehr als 20 Tieren pro 1000 ha. Auch wenn der Bestand
in den letzten Jahren auf ein vernünftiges Maß reduziert
wurde, ist die Wahrscheinlichkeit, einen Elch aus geringer Entfernung beobachten zu können, hier immer noch
weitaus größer als im übrigen Skandinavien.

In den 50er Jahren betrachtete man noch 5 bis 6 Elche
pro 1000 ha als „normalen" Bestand. Diese Auffassung
mußte man in den folgenden Jahrzehnten aber mehrmals kräftig revidieren. 1977 ermittelte man im Revier
Hagfors in Värmland eine Dichte von 30,6 Elchen pro
1000 ha. Da kamen selbst Halle- und Hunneberg nicht
mehr mit. Noch erstaunlicher sind die alljährlichen
Zuwachsraten, ausgehend vom Winterstamm vor dem
Setzen der Kälber. Während man in den 60er Jahren je
nach Region durchschnittlich 25 bis 40 % Zuwachs
ermittelte, ergab eine 1977 durchgeführte Elchzählung
Zuwächse von mehr als 70 % in einigen Teilen Schwe-

dens. Eine Entwicklung, die zumindest unter den zahlreichen Jägern im Lande eitel Freude auslöste, versprach doch die Pirsch auf das mit Abstand größte jagdbare Tier Europas lohnende Ausbeute an Fleisch und Trophäe.

Noch vor 150 Jahren waren Elche in Skandinavien bis auf einige kleine Restpopulationen fast ausgerottet. Wenn auch Wölfe und Bären ihr Teil dazu beitrugen, den Elchstamm kleinzuhalten, so ging jedoch der größte Druck von der Jagd durch den Menschen aus. Das schwedische Dekret von 1789, das auch nichtadeligen Grundbesitzern das Jagdrecht auf Hochwild gab, war zwar außerordentlich demokratisch und verschaffte viel mehr Menschen als zuvor das Glück des Jagderlebnisses, aber mit dem Elch ging es von nun an bergab. Besonders setzte ihm die Winterjagd im Harschschnee zu, die dem Elch gegen einen Jäger auf Skiern nicht den Hauch einer Chance ließ. Erst als von 1853 an die Elchjagd mit dem Oktober schloß, konnte sich die Population ganz langsam erholen.

Wurde der Anstieg der Elchpopulation zuerst durch verschärfte Jagdbestimmungen erreicht, kamen doch nach und nach mehrere andere Faktoren hinzu, die diese Entwicklung stützten. Die Freßfeinde Wolf und Bär gingen in ihrem Bestand zurück, die Nahrungskonkurrenz durch Haustiere im Wald fiel weg.

Die Winter der letzten 100 Jahre verliefen im nordatlantischen Raum nicht nur insgesamt erheblich milder als im langjährigen Mittel, sondern der größte Teil der Niederschläge fiel nun zudem während der Sommermonate, die Winter wurden schneeärmer. So folgten in der ersten Hälfte der 70er Jahre dieses Jahrhunderts vier außergewöhnlich milde und schneearme Winter aufein-

Elchbulle *Alces alces* im Bast.

ander. Die Elche fanden erheblich mehr Futter. Weniger Tiere starben auf Straßen und Schienensträngen, auf denen sie sonst bei hohem Schnee gern wandern.

Das geradezu atemberaubende Tempo der Elchvermehrung kann jedoch mit elchfreundlicher Jagdgesetzgebung und Klimaveränderung allein nicht erklärt werden. Die Bestandsentwicklung fällt derart aus dem Rahmen, daß auch der Hinweis auf biologisch normale Populationsschwankungen nicht näher an die Ursachen heranführt. Da hilft nur ein Blick in den Lebensraum des Elches weiter. Das ist, von einigen Tundrengebieten am Nordrand des Verbreitungsgebietes einmal abgesehen, in Skandinavien der Wald. Dieser ist im Gegensatz zur landläufigen Meinung auch im dünnbesiedelten

Schweden und Finnland mit Ausnahme weniger schwer zugänglicher Flächen forstwirtschaftlich intensiv genutzt. So muß man für die Elchschwemme wohl im wesentlichen tiefgreifende Veränderungen in der Waldwirtschaft verantwortlich machen. Sie ist in den letzten 30 Jahren in erster Linie durch enorme Zuwachsraten infolge Mechanisierung und Automatisierung gekennzeichnet.

Zunächst lösten Traktor und Motorsäge Pferd und Handsäge ab, die Tagesleistung vervielfachte sich. Zwar ging die Zahl der geleisteten Arbeitsstunden und die der Beschäftigten in der Forstwirtschaft um etwa die Hälfte zurück, aber der Holzertrag verdoppelte sich von 1955 bis 1975. Auf der folgenden Stufe übernahmen riesige Maschinen das Fällen, Entasten und Entrinden der Bäume, sogar Pflanzungen erfolgten nun maschinell. Um aber all diese technischen Neuerungen wirtschaftlich einsetzen zu können, mußte man von der selektiven Baumentnahme zum Kahlhieb übergehen. Riesige Kahlschläge entstanden in immer schnellerer Folge.

Im Zuge der Pflanzensukzession stellen sich auf diesen Flächen in den folgenden Jahren zunächst stickstoffliebende Kräuter und Gräser ein, zum Teil auch Himbeersträucher, später Birken und Weiden, im Norden oft Espen. Junge Vegetation, darunter die neu eingebrachten Forstpflanzen mit ihren schnellwachsenden Trieben, enthält besonders viel Eiweiß. Damit steht den Elchen hochwertige Nahrung in fast unbegrenzter Menge zur Verfügung. In Schweden hat sich die mit jungem Wald bestandene Fläche in den 60er und 70er Jahren verdreifacht. In Finnland führte die subventionierte Verkleinerung der Ackerflächen vermehrt zu Aufforstungen. Die Verbesserung der Nahrungssituation trug erheblich zum schnellen Wachstum der Elchpopulation bei. Ein hoher Eiweißanteil im Futter hat günstige Auswirkungen auf das Körpergewicht und die allgemeine Verfassung eines Tieres sowie auf die Überlebenschancen des Nachwuchses. Darüber hinaus besteht aber auch ein deutlicher Zusammenhang zwischen dem Proteingehalt der Nahrung und der Ovulationsfrequenz. Bei den gut genährten Elchkühen wurden Zwillingsgeburten immer häufiger, hier und da kamen sogar Drillinge vor.

Zusätzlich wurde der Elch durch weitere forstwirtschaftliche Maßnahmen begünstigt. Der technische Fortschritt erlaubte nun, ohne große Mühen Flächen in die Nutzung einzubeziehen, die man bisher als wertlos betrachtet hatte. Mit Beginn der 70er Jahre begann man in Schweden verstärkt, Moore und Sümpfe zu drainieren. Von 1970 bis 1980 wurden 5 300 km Entwässerungsgräben gezogen, die etwa 250 000 ha neue forstwirtschaftlich nutzbare Flächen erbrachten. Im gleichen Zeitraum wurden 1,5 Millionen ha Wald gedüngt, wobei vor allem Stickstoff und Kalium mit Flugzeugen und Hubschraubern ausgebracht wurden. Um den Bedarf der expandierenden Holzwirtschaft zu decken, wurden so die Lebensräume vieler Arten zerstört. Den Elchen jedoch kam alles zugute, was auch immer Eingang in die Waldwirtschaft gefunden hatte.

Doch die dankten es ihr schlecht, indem sie sich insbesondere in Winter und Frühjahr in Scharen über junge Kiefernbestände hermachten. Als sich Ende der 70er Jahre die Meldungen über verheerende Verbißschäden häuften, begann in Schweden eine Arbeitsgruppe aus Forstfachleuten und Wildökologen mit der Entwicklung einer Inventarisierungsmethode, um genaue Daten über das Ausmaß der Schäden zu erhalten.

In großen Forstgebieten mit einem Anteil von mehr als 30 % junger Kiefern wurden nach dem Zufallsprinzip Flächen ausgewählt, die man sorgfältig auf Verbiß von Spitzen und Rinde, Nadelverlust, Stammbruch, Bildung von Bajonetten, Gabeln und Vielstämmigkeit untersuchte. Je nach Schwere der Schäden ordnete man die Bäume 5 Schadensklassen zu.

1981 wurde diese Methode zunächst zu Erprobungszwecken in Jämtland angewandt. 400 000 ha Wald wurden untersucht. Das Ergebnis war niederschmetternd; denn nach einem Untersuchungsprotokoll der Forstbehörde „waren 55 % der Kiefernjungbestände so schwer geschädigt, daß sie mehr oder weniger wertlos waren." Andere für den Elch wichtige Nahrungspflanzen wie Eberesche, Weiden, Espe und Wacholder waren ebenfalls stark verbissen. Am schwersten waren Winterweidegebiete mit hohen Elchkonzentrationen betroffen, wo in einigen Fällen 80 % der jungen Kiefern zerstört wurden. Der finnische Staat mußte jährlich rund 7 Millionen FIM als Entschädigung für Elchschäden an die Waldbesitzer überweisen.

Auch als Verkehrsteilnehmer verursacht der Elch enorme Kosten. Seit 1970 hat sich in Schweden die Zahl der Verkehrsunfälle, in die Elche verwickelt waren, mehr als verfünffacht, auf 5 915 der Polizei gemeldete Fälle im bisher schlechtesten Jahr 1980, wobei davon ausgegangen werden muß, daß in der Regel nur jeder zweite Unfall gemeldet wird. Nach Berechnungen des schwedischen Straßenamtes entsteht bei jedem Unfall ein Schaden von durchschnittlich 30 000 SEK. Bei Verkehrsunfällen mit Elchen sterben in Schweden jährlich rund 12, in Finnland etwa 5 Menschen. Einige hundert werden leicht bis schwer verletzt. Vom Abend bis zum frühen Morgen muß ein Autofahrer ständig damit rechnen, mit einem Elch zusammenzustoßen, der mit 400 bis 500 kg Gewicht nur unerheblich leichter als ein moderner Kleinwagen ist.

Die Konsequenzen, die das schwedische Straßenamt aus dieser Schadensbilanz gezogen hat, sind nicht zu übersehen. Wer mit dem Wagen auf der E4 oder E6 von Südschweden nach Norden fährt, befindet sich, nachdem er den Bereich der Städte verlassen hat, urplötzlich in einer Art Transitkorridor zwischen 2,25 m hohen Zäunen aus Stahldraht links und rechts der Straße, oft ohne Unterbrechung 20 km lang und länger. Bisher sind mit mehr als 1000 km zwar nur wenige Prozent des gesamten öffentlichen Straßennetzes mit Wildzäunen versehen worden, doch die wichtigsten Reichsstraßen mit hohem und schnellem Verkehrsaufkommen fast völlig. Die Kosten für diese aufwendige Maßnahme sind enorm, durchschnittlich 27 500 DM pro km beidseitig der Straße. Man hofft, durch die Errichtung dieser Zäune die Zahl der Verkehrsunfälle mit Elchen um immerhin 80 % senken zu können.

Auch wenn sich zu Beginn der 80er Jahre die ersten Erfolge zeigten und die Zahl der Unfälle leicht zurückging, obwohl der Elchbestand weiter stieg, so wird mit jedem Kilometer eingezäunter Straße die Kritik von Naturschützern und betroffenen Straßenanliegern immer lauter.

Schwedens traditionelles und hochheiliges Jedermannsrecht, das unter anderem jedem Menschen den freien Zugang zu Wald und Flur ausdrücklich garantiert, ist faktisch über viele Hunderte von Kilometern außer Kraft gesetzt. Zwar sind durch Tore die Zufahrten zu landwirtschaftlichen Nutzflächen und Wäldern erhalten geblieben, aber Durchgänge für Fußgänger, die ziemlich aufwendig konstruiert und damit teuer sind, finden sich nur selten. Wer während einer Rast mal eben eine Handvoll Blaubeeren pflücken will, muß entweder zur europäischen Hochsprungelite gehören, oder seine Gelüste vorerst verschieben. Vielleicht könnte man sich mit dieser schwerwiegenden Beeinträchtigung schwedischer Gewohnheitsrechte noch abfinden, wenn der Zaun wenigstens hundertprozentige Sicherheit böte. Doch wo sich der Draht von den Pfählen gelöst hat, kann er von einem Elch leicht zusammengedrückt und überwunden werden. Ist der Zaun nicht ausreichend lang, können die Tiere bis zu seinem Ende wandern und dort verstärkt Gefahrenpunkte schaffen. Hat ein Elch erst einmal den Draht hinter sich gelassen, findet er sich plötzlich in einem engen, eingezäunten Korridor mit möglicherweise dichtem Verkehr wieder und gerät dort in eine Streßsituation, die ihn für Autofahrer völlig unberechenbar macht.

Wildbiologen weisen darauf hin, daß durch die Zäune die Wanderwege der Elche unterbrochen werden und halten es nicht für ausgeschlossen, daß so im Laufe einiger Jahre neue Wildwechsel entstehen, so daß die Zäune nur eine vorläufige Wirkung haben und bald auch dort gezogen werden müssen, wo man sie zur Zeit noch für entbehrlich hält. Auch die Waldbesitzer zeigen immer weniger Begeisterung für die Maßnahme. Sie fürchten, daß die „eingesperrten" Elche in ihrem abgezäunten Waldstück nun um so höhere Schäden anrichten.

Letztlich fragen sich immer mehr Bürger, ob hier nicht nur wegen einiger eiliger Autofahrer ein ganzes Land verschandelt und ob nicht überhaupt zuviel an falscher

Stelle getan wird. Denn die Wahrscheinlichkeit, bei einem Zusammenstoß mit einem Elch ums Leben zu kommen, ist in Schweden rund zehn Mal geringer denn als Fußgänger von einem Auto getötet zu werden.

Zusammenfassend kann gesagt werden, daß die einzige nicht vom Menschen beeinflußte Ursache für die Massenvermehrung des Elches die Klimabegünstigung der letzten 100 Jahre im skandinavischen Raum war. Ihr darf man allerdings nur eine untergeordnete Bedeutung beimessen. Wesentlich entscheidender haben sich Expansion, Rationalisierung und Technisierung der Waldwirtschaft ausgewirkt. Der Elch als Mitgewinner dieser Entwicklung droht nun das investierte Kapital Trieb für Trieb aufzufressen und die bisher erzielten Gewinne Zweig für Zweig zu verkürzen.

Wenn ausschließlich menschliche Einflüsse eine unkontrollierte Massenvermehrung von Tierarten mit der Folge ökologischer und wirtschaftlicher Schäden in Gang setzen, kann dieser Entwicklung in der Regel wiederum nur durch neue menschliche Eingriffe Einhalt geboten werden. Als einzige akzeptable Möglichkeit kommt in diesem Fall die Jagd in Frage. Deshalb ist es interessant zu sehen, ob die Jagd auf den Elch dieser Aufgabe gerecht werden kann und ob ihr gesellschaftlicher Stellenwert sie dazu überhaupt geeignet sein läßt. Zumindest leichte Zweifel sind da angebracht, auch wenn sich im Herbst alles um die Elchjagd zu drehen scheint. Allein in Schweden strömen dann rund 200 000 rotbemützte Freizeitjäger in die Wälder und suchen in den wenigen Wochen des Herbstes Naturerlebnis, Gemeinschaftsgefühl und etwas Spannung, wie wenigstens sie selbst sagen. Auch wenn durch die rapide Bestandsentwicklung der Elch zu einem lästigen Aller-

weltstier geworden ist, so hat doch der besondere waid-
männische Nimbus der Elchjagd nicht darunter gelitten.
Eine gute Jagdgeschichte findet allemal ihre Zuhörer.
Nur hatte man früher weitaus mehr Zeit zum Erzählen.
Solange nur wenige tausend Tiere pro Saison erlegt
wurden, vergingen oft Jahre, bis ein Jäger mal das
Glück hatte, auf einen Elch schießen zu können.

Heute bringt der Jäger außer Geschichten doch meist
auch Fleisch für die Tiefkühltruhe aus dem Wald nach
Hause. Vor Tschernobyl waren es in Schweden rund
20 000, in Finnland 8 500 Tonnen hochwertiges Wildbret, das von der Jägerschaft auf der Suche nach dem
Naturerlebnis quasi nebenbei produziert wurden. Der
finanzielle Wert dieser Fleischmenge überwiegt in beiden Ländern längst die Einnahmen aus der Rentierwirt-
schaft. Auch wenn die jagdliche Nutzung des Elchs noch
nicht die Lebensweise des Nutzers – wie bei Ren und
Renzüchter – prägt, sprechen Kritiker bereits von
„Elchwirtschaft". Bedenkt man dazu, daß die Jäger
auch noch einiges Geld für Pacht und Transport, Waf-
fen, Munition und zünftige Kleidung ausgeben, ist die
Elchjagd durchaus ein wichtiger Bestandteil des Brutto-
sozialproduktes. Außerdem erhöht sie enorm den Frei-
zeitwert ländlicher Gegenden mit geringen Unterhal-
tungsmöglichkeiten.

Zunächst war die Elchjagd nicht an die Größe und
Zusammensetzung des Bestandes angepaßt. Man
erlegte in zumeist drei Tagen, was vor die Büchse kam,
schonte dabei doch die Kälber, weil man sie für das
eigentliche Zuwachskapital hielt. Stattdessen schoß man
eher die Kuh vom Kalb weg und wußte nicht, daß damit
die Überlebenschancen des Kalbes in nahenden Winter
drastisch sanken. Ende der 60er Jahre führte man in

einigen Regierungsbezirken Schwedens eine stark bestandsangepaßte Jagdreform durch. Jetzt wurden mehr Kälber freigegeben, während die Kühe geschont wurden. Sie durften nicht geschossen werden, wenn man nicht zuvor das mitgeführte Kalb erlegt hatte. So gab es nicht nur weniger mutterlose Kälber mit geringeren Überlebenschancen, auch das Durchschnittsalter der Elchkühe stieg. Es gab nun mehr Kühe im produktivsten Alter von 5 bis 11 Jahren mit häufigen Zwillingsgeburten. Auch ihr Anteil an der Gesamtpopulation stieg deutlich. So hatte der Elchbestand wenig mit der gesunden Populationsstruktur von Wildtieren gemein, sondern glich mit einem stark überproportionierten Anteil weiblicher Tiere eher den Verhältnissen in einer gut geführten Intensivviehhaltung.

Folglich konnten seit Anfang der 70er Jahre ständig mehr Elche erlegt werden. Waren es 1970 in Schweden 36 400 Stück, so steigerte sich diese Strecke auf 174 700 Tiere im Rekordjahr 1982. Die finnischen Jäger verbesserten ihr Ergebnis von 3 400 Elchen 1970 auf den Rekord von 69 000 im Jahre 1984.

Mittlerweile ist die jährliche Jagdstrecke auf rund 120 000 bzw. unter 50 000 zurückgegangen. Eine wesentliche Ursache für den entsprechenden Bestandsrückgang mag das gestiegene Durchschnittsalter der Elchkühe und die damit gesunkene Ovulationsrate sein. Ein niedrigeres Durchschnittsgewicht der erlegten Tiere weist zudem auf einen schlechter gewordenen Ernährungszustand hin.

Bei einer augenblicklichen Winterpopulation von 240 000 Elchen in Schweden und 85 000 in Finnland scheint eine Bestandsgröße erreicht zu sein, die in Einklang mit den Zielen steht, die Naturvårdsverket,

Schwedens Amt für Umwelt- und Naturschutz, folgendermaßen formuliert hat: „Der Elchstamm soll auf einem solchen quantitativen und qualitativen Niveau gehalten werden, daß ein möglichst großer Gewinn in Form von Naturerlebnis, Jagdtagen und Fleischausbeute erreicht wird, gleichzeitig aber die Schäden in Wald und Feld sowie Verkehrsunfälle mit Elchen so niedrig wie möglich gehalten werden."

Die Freude an Jagd und Jagdbeute hat jedoch nach dem Reaktorunfall in Tschernobyl schweren Schaden genommen. Als es am Sonntagnachmittag, dem 27. April 1986, längs der schwedischen Ostküste zwischen den Provinzen Uppland und Angermanland zu regnen begann, brachten die Wolken von Südosten den radioaktiven Explosionsstaub aus der Ukraine mit. Die Auswirkung dieser Katastrophe auf den Elch zeichnete sich in der stark betroffenen Küstenregion mit ihrer überdurchschnittlich hohen Elchdichte schon lange vor der Jagdsaison 1986/87 ab. Tiere, die von Autofahrern unbeabsichtigt zur Strecke gebracht worden waren, waren bis zu 3 500 Becquerel pro Kilogramm Fleisch mit Cäsium 137 belastet. Tausende von Elchen wurden im Herbst von den Behörden beschlagnahmt, nachdenklich gewordene Jäger lieferten ihre Jagdbeute freiwillig ab. So wundert es nicht, daß in den stark verseuchten Gegenden überhaupt nur 75 % der freigegebenen Elche geschossen wurden. Offensichtlich verspürten viele Jäger keine rechte Lust, ein Wild zu erlegen, das hinterher als Sondermüll behandelt werden mußte.

Vögel in Schweden—Finnland

Mit Tanzen und Trompeten

Etwa 30 000 Kraniche verlassen im Februar ihre Winterquartiere in Nordafrika und Südspanien und machen sich auf den Weg in ihre nordeuropäischen Brutreviere. Mitte April erreichen sie die Ostsee und einen Tag später den Hornborga-See in der südschwedischen Provinz Västergötland. 5 000 von ihnen rasten hier – meist zwischen dem 15. und 25. April. Sie suchen nach Nahrung auf den Kartoffelfeldern und führen vor den Augen von Tausenden von Beobachtern ihre Tänze auf. Nach 10 Tagen haben sie ihr kurzes Gastspiel beendet, und die Äcker sind wieder wie leergefegt.

Alljährlich fallen den Teilnehmern am südschwedischen Osterverkehr im Straßendreieck zwischen den Städten Falköping, Skara und Skövde einige grell blaugrüne, in der Dämmerung überhell reflektierende Straßenschilder auf, die es im ganzen Königreich sonst nicht gibt. „TRANOR" = Kraniche steht darauf. Folgt man ihnen, wird man auf einen riesengroßen Parkplatz mit vielen hundert Einstellplätzen geleitet. Direkt dahinter drängt sich eine mehr als tausendköpfige Menge vor einer provisorischen Absperrung und starrt wie gebannt auf den Anlaß zu diesem Menschenauftrieb: Kaum 500 m von der Beobachterschar entfernt, stehen fast 1 000 Kraniche auf einem Kartoffelacker. Es ist ein Kommen und Gehen. Kleine Trupps steigen auf und fliegen über

---

Folgende Seiten:
Kraniche *Grus grus* auf dem Rastplatz am Hornborga-See.

die Köpfe der Zuschauer und die Wipfel benachbarter Wälder hinweg fort. Neuankömmlinge umkreisen in kleinen Gruppen das Feld in großer Höhe und lassen sich mit baumelnden Ständern eilig nieder. Gegen Abend erreicht die Zahl der Kraniche ihren Höhepunkt. Noch im Schein der untergehenden Abendsonne durchstöbern sie ruhelos den Boden nach Nahrung, als wollten sie sich nach den entbehrungsreichen Wochen des langen Frühjahrszuges noch einmal so richtig den Bauch vollschlagen. Mit einem Mal erhebt sich das ganze Geschwader, und eine im letzten Licht des Tages rötlich schimmernde hellgraue Riesenwolke aus Hunderten laut rufender Kraniche strebt den sicheren Schlafplätzen im Schilfgürtel des nahen Hornborga-Sees zu.

Noch vor dem Morgengrauen des nächsten Tages kommen sie zurück. In der Stille der Dämmerung weithin vernehmbar, ziehen sie mit schmetternden Trompetenrufen in langen Ketten heran. Kaum haben sie sich, erneut von einer riesigen Menschenmenge bestaunt, auf dem Acker niedergelassen, beginnen sie sofort wieder mit der Nahrungssuche. Hier und da entsteht Aufregung im großen Pulk: Die Kraniche tanzen. Paarweise setzen sie sich langsam in Bewegung, knien nieder, verbeugen sich tief, nicken heftig, laufen in Kreisen, Schlingen oder Schleifen aufgeregt umher und vollführen mit Hilfe der 2,40 m spannenden Riesenschwingen bis zu drei Meter hohe Luftsprünge. Dabei ergreifen sie ungestüm Erde, Pflanzenwurzeln und längere Stöcke, um sie wild in die Luft zu schleudern und manchmal sogar wieder aufzufangen. Sie zücken den dolchspitzen Schnabel, als wollten sie den Partner erstechen, halten aber im nächsten Moment ein und bedrohen statt dessen einen unbeteiligten Nachbarn, mit dem es hin und wieder auch einmal einen bösen Streit geben kann. Nicht selten gehen die heftigen Tänze in ein erregtes Trompetengeschmetter über, bei dem die Vögel mit abgespreizten Flügeln und senkrecht in die Luft erhobenem Hals mit geöffnetem Schnabel ihre durchdringenden Rufe erschallen lassen.

Offenbar ist der Kranichtanz eine Zeremonie, die dem Zusammenhalt der Partner dient. Kraniche leben in Einehe und können ein Alter von über 50 Jahren erreichen. Selbst Paare, die schon 20 Jahre oder länger treu zusammenleben, versichern sich so immer wieder ihrer gegenseitigen Zuneigung. Offenbar spielt er auch eine wichtige Rolle bei der Synchronisation der Reifung von Hoden und Eierstöcken. Oft wird er der Paarung direkt vorgeschaltet, weshalb man ihn lange Zeit für eine ausgesprochene Balzhandlung hielt, die ausschließlich auf Begattung abzielte. Doch Paarungen finden auf diesem Massentanzplatz so gut wie gar nicht statt. Dazu ziehen sich die Kraniche in ihre abgelegenen Brutreviere zurück. Im übrigen tanzen sie nicht nur zu Beginn der Brutperiode, sondern zu jeder Jahreszeit, sogar im Schnee bei großer Kälte. So ist das Tanzen vermutlich nichts als ein Ausdruck allgemeiner Erregung oder reiner Lebensfreude. Unter Jungkranichen dient er sicher auch der Paarfindung. Sie tanzen im Sommer und Herbst scharenweise. Die Männchen tanzen in Gruppen vor, die Weibchen schauen zunächst zu. Gelingt es einem der Freier, eine ledige Kranichdame mit seiner Vorstellung zu begeistern, fällt sie in Tanzen und Trompeten ein und verbringt ihr ganzes Leben fortan an seiner Seite – vorausgesetzt der erste Tanz verlief harmonisch!

Wie so oft im Leben gilt auch bei den Hornborga-Kranichen: Liebe geht durch den Magen. Eigentlich versammeln sich die Tiere hier gar nicht zu allerlei Kurzweil mit Tanzvergnügen, sondern schlichtweg zum Fressen. Die Gegend um den Hornborga-See war lange Zeit das einzige Anbaugebiet für Kartoffeln weit und breit. In einer kleinen Fabrik wurde aus ihnen Schnaps hergestellt. Süße, in der Winterkälte gefrorene Kartoffeln, sind eine Lieblingsspeise der Kraniche. Nach ihnen durchwühlen sie rastlos und mit viel Geschick ganze Ackerpartien. Und wenn man nahe genug ist, kann man in der Nähe fündiger Stellen eine Kartoffel nach der anderen den emporgereckten Hals herunterrutschen sehen.

Neben der Verpflegung ist aber auch die Unterkunft erstklassig: Der Südteil des Hornborga-Sees ist im Frühjahr überschwemmt und bietet Ausblick nach allen Seiten. In seinen Röhrichtgürtel fallen die Kraniche allabendlich ein. Kein Fuchs kann sie hier überraschen. Sie sind absolut sicher. Um ihnen auch tagsüber die nötige Ruhe zu gewähren und sie vor allzu neugierigen Beobachtern und aufdringlichen Fotografen zu schützen, wurden das Südufer des Sees und die angrenzenden Felder unter Naturschutz gestellt. Besucher dürfen sich zwischen dem 1. April und 1. Mai nur auf öffentlichen Wegen und Parkplätzen aufhalten. Im Gelände sind die Schutzgebietsgrenzen durch Leinen markiert. Selbst Privatwege dürfen nicht befahren werden. Zum Höhepunkt des Zuges besteht auf den das Naturschutzgebiet durchlaufenden Straßen sogar Halteverbot. Doch von

---

Rechte Seite:
Trompetende Kraniche: Zeremonie zum Zusammenhalt der Partner.

den ausgewiesenen Plätzen läßt sich das einmalige Naturschauspiel ebensogut beobachten.

Beinahe wäre es für immer aus gewesen mit dem süßen Leben der Kraniche am Hornborga-See. 1972 wurde die Schnapsfabrik geschlossen, und der traditionelle Kartoffelanbau auf 60 ha wurde aufgegeben. Seither erschienen immer weniger Kraniche auf ihrem Frühjahrszug. Waren es 1968 noch über 5 000 Tiere, die hier rasteten, sank ihre Zahl auf 4 000 im Jahre 1973 und gar nur noch gut 2 000 im Jahre 1978. Wegen der fehlenden Nahrung verteilten sie sich zudem auf immer größere Flächen, so daß manchmal nur noch ganz kleine Trupps in der Nähe der Beobachtungsplätze zu sehen waren. Aufgeschreckt durch diese Entwicklung, erreichten Naturschutzorganisationen, daß mit staatlicher Hilfe wieder Kartoffeln angebaut wurden, diesmal ausschließlich für die Kraniche. Auf 9 ha standen ihnen nun wieder die gefrorenen Knollen in jedem Frühjahr zur Verfügung. Zusätzlich wurden ihnen jeden Abend gut fünf Zentner Gerste hingeschüttet.

Sofort stieg die Zahl der Kraniche wieder an. Seit 1978/79, den Jahren des Tiefstandes, hat sie sich bereits wieder verdoppelt. 1983 haben genau 4 857 Vögel den Hornborga-See besucht, und es besteht genügend Anlaß zu der Hoffnung, daß es in Zukunft noch mehr werden.

Ihnen stehen auf der anderen Seite der Absperrung immerhin jährlich 20 000 Ornitouristen gegenüber, jene neu entstandene Mischung aus Vogelbeobachter und Fernurlauber, die neuerdings keinen ornithologischen Brennpunkt der Erde mehr mit ihrem Besuch verschont. Auch ihre Zahl wächst noch. Und auch sie müssen natürlich verpflegt und untergebracht werden.

Selbst die anspruchslosesten kommen dabei nicht mit Kartoffeln und einem Bett im Schilf aus. So bringen sie eine Menge Geld in den mit landwirtschaftlichem oder industriellem Wohlstand nicht gerade gesegneten Landstrich und einem Teil der Bevölkerung willkommene Zusatzeinnahmen. Die beteiligten Kommunen haben daher allen Grund, die Kraniche bei guter Laune zu halten. Neben der Verpflichtung zur Erhaltung einer naturkundlichen Sehenswürdigkeit ersten Ranges haben sie handfeste finanzielle Interessen. Der Tanz der Kraniche am Hornborga-See ist daher wohl vorläufig gesichert. Die Tiere kommen gern hierher. Doch alle kulinarischen Verlockungen halten die einzelnen Paare nicht davon ab, nach spätestens 4 bis 5 Tagen der Geschäftigkeit dieses Massenrastplatzes zu entfliehen und die Einsamkeit ihrer abgelegenen Brutplätze in den Sümpfen des Nordens aufzusuchen. So ist das große Spektakel am Hornborga-See nach zwei Wochen genau so plötzlich vorbei wie es eingesetzt hat. Ende April ist der Tanzboden wieder geräumt und für den Kartoffelanbau freigegeben. Kein Kranich – und kein Vogeltourist – interessiert sich fortan für diesen Acker – bis zum nächsten April, wenn es wieder heißt: mit Tanzen und Trompeten!

Das kleine und das große Waldhuhn

In den skandinavischen Wäldern leben drei Rauhfußhühner, von denen allerdings nur Birk- und Auerhuhn zu der Gattungsgruppe der Waldhühner gehören. Von ihnen soll hier die Rede sein. Das ausschließlich auf Waldbiotope angewiesene Haselhuhn gehört nicht zu dieser Gruppe. Dafür werden aber ausgerechnet Moor- und Alpenschneehuhn dazugerechnet, die fast überall oberhalb der Baumgrenze leben und nur ausnahmsweise die fjällnahen Wälder aufsuchen.

Alle Rauhfußhühner gelten als vorzügliches Wildbret und haben daher auf der gesamten Nordhalbkugel immer wirtschaftliche Bedeutung gehabt. Fast überall wurden sie auf der Pirsch, mit Lockmitteln oder „vor dem Hund" erbeutet. Lediglich in Mitteleuropa, wo die Trophäenjagd seit jeher einen hohen Stellenwert hatte, wurden Auer- und Birkhahn während der Balz bejagt.

Die Ernährung der beiden Arten ist vielseitig. Im Winter sind sie jedoch überwiegend auf Kiefern-, seltener Fichtennadeln angewiesen. Im Sommer fressen sie vor allem Früchte und Laub von Beerensträuchern. Bevor sie Anfang des Sommers zur zarteren Blattnahrung übergehen, werfen Auerhühner die alte Schnabeldecke ab. Die Schnäbel sind dann bis zum Beginn der kalten Jahreszeit, wenn die Tiere zur harten, spröden Winternahrung wechseln müssen, wieder zur vollen Länge herangewachsen.

Beide Arten haben einen großen Kropf, um große Mengen Koniferennadeln aufnehmen zu können, und einen muskulösen Magen, in dem viele, oft am Straßenrand aufgenommene Steinchen das Zerreiben dieser festen Nahrung unterstützen. Altvögel von Birk- und Auerhuhn fressen fast nur Pflanzen. Die hohen Zelluloseanteile in ihrer Nahrung können in zwei für Vögel überaus langen Blinddärmen aufgeschlossen werden. Sie werden jeden Morgen entleert. Der Blinddarmkot unterscheidet sich durch seine schwärzlichbraune Farbe und zähklebrige Beschaffenheit deutlich vom „Enddarmkot", der in typisch gekrümmten bräunlichen Würstchen mehrfach täglich abgesetzt wird.

Das Auerhuhn ist in seinem Vorkommen auf naturnahe

Wälder mit unterschiedlich alten Bäumen und reichlich Unterwuchs angewiesen, das Birkhuhn auf Heiden und Moore. Mit dem Verschwinden dieser Lebensräume sind in Mitteleuropa die Waldhühner selten geworden und vielerorts von der Ausrottung bedroht. In Skandinavien sind sie noch häufig. Außerhalb der Fortpflanzungszeit leben sie jedoch heimlich und zurückgezogen. Lediglich im Frühjahr bei der Balz fallen sie auf.

Der Schrecken der Waldarbeiter

Wie von Furien gehetzt rast der schwedische Forstarbeiter Lars Folkesson auf seinem Fahrrad über die Waldwege und biegt mit atemberaubendem Tempo in das Holzfällerlager ein. Heftig schnappt er nach Luft, dann berichtet er seinen fragend dreinblickenden Kollegen, was sich vor wenigen Minuten kaum eineinhalb Kilometer von ihrem Arbeitsplatz entfernt zugetragen hat: Lars ist wie an jedem Morgen mit dem Fahrrad auf dem Weg zur Arbeit, als er am Rand eines Altfichtenbestandes einen Auerhahn stehen sieht. Als er näher kommt, fliegt der Vogel nicht weg, sondern bleibt mit eigenartig gespreiztem Schwanz und zitternden Schwingen, die bis hinab zum Boden reichen, am Wegesrand stehen. Lars stammt aus der Stadt, sonst hätte er sich möglicherweise ganz anders verhalten. So steigt er ab, stellt das Rad an einen Baum und will den großen Hahn näher betrachten. Der kommt mit schleifenden Flügeln auf ihn zu, mit offenem Schnabel leise „knappend". Mit gesträubtem „Kinnbart" reckt er den mächtigen Hals in die Höhe und läßt ein eigenartiges Zischen hören. Und dann geht alles ganz schnell: Der Auerhahn stürzt sich auf Lars und hackt mit seinem mächtigen Schnabel mehrmals auf dessen Beine ein. In seiner Not weiß der kräftig gebaute Holzfäller sich nicht anders zu helfen, als zu seinem Fahrrad zurückzulaufen, sich in den Sattel zu schwingen und kräftig in die Pedale zu treten. Doch sein Verfolger gibt noch nicht auf: Schräg von hinten kommt er angeflogen. Lars trampelt wie wild. Nach etwa 200 m hat er seinen Verfolger abgeschüttelt. Vorsichtshalber radelt er noch ein gutes Stück mit Höchstgeschwindigkeit weiter, bis er das Lager erreicht hat.

Und um seine „unglaubliche Geschichte" zu beweisen, krempelt er sein rechtes Hosenbein hoch und zeigt sein Knie, das aus einer zentimeterlangen, ziemlich tiefen Wunde heftig blutet. Doch so ungläubig, wie er es vermutet hat, sind seine Kollegen, alles Waldarbeiter aus der Gegend, überhaupt nicht. Sie wissen es längst: Per Ole, der „verrückte Auerhahn" vom Söndagsbovägen hat wieder zugeschlagen. Seit drei Jahren treibt er dort im alten Fichtenforst sein „Unwesen". Immer wieder zur Paarungszeit des Auerwilds nähert er sich Spaziergängern und jagt sie in die Flucht. Den Rest des Jahres über hält er sich versteckt, wie alle anderen Auerhähne auch.

Überall im Verbreitungsgebiet des Auerhuhns machen Geschichten von „balztollen", „närrischen" oder „verrückten" Hähnen die Runde, die in der Fortpflanzungszeit ihr Revier nicht nur gegen Artgenossen, sondern auch gegen Menschen, Haustiere und Fahrzeuge verteidigen. Krankheiten, etwa Tollwut oder Toxoplasmose, scheiden als Ursachen für dieses auffällige Verhalten aus. Solche Tiere sind keineswegs zahm. Ihre Fluchtbereitschaft gegenüber Menschen ist zeitweise durch ein übernormal entwickeltes Territorial- bzw. Sexualverhalten unterdrückt. Niedergeduckte Personen werden vom

Hahn sogar als Geschlechtspartner angesehen und besprungen. Blutuntersuchungen solch abnormer Hähne haben ergeben, daß sie, verglichen mit „normalen" balzaktiven Hähnen, einen viel höheren Testosteronspiegel aufweisen. Die Balz normaler Hähne verläuft eher unauffällig.

Das leise Lied des großen Hahns

Aus einem Bestand mit alten Kiefern dringen eigenartige Geräusche: ein mehrfaches, schneller werdendes hölzernes Knappen, auf das ein anhaltender Schleifoder Kratzton folgt. Es ist das seltsam leise Balzlied des Auerhahns. Die Teile der Strophe heißen: Knappen, Triller, Hauptschlag und Wetzen. Das einleitende Knappen wird nicht mit dem Schnabel erzeugt, sondern ist eine echte Stimmäußerung. Während des Wetzens, also des letzten Teils der Strophe, ist der Auerhahn völlig taub. In dieser Zeit kann man sich ihm nähern, ohne bemerkt zu werden. Angeblich nimmt er nicht einmal Schüsse wahr. Während das Kullern der kleineren Birkhähne auf den Mooren kilometerweit durch den stillen Morgen dringt, muß man dem großen, schwarzen Urhahn schon sehr nahe sein, um überhaupt etwas von seinen Strophen zu hören. Sein Balzlied trägt selbst bei Windstille kaum weiter als 200 bis 300 Meter.
Wie beim Birkhuhn findet auch beim Auerhuhn eine „Gruppenbalz" statt. Bis zu 20 Hähne kommen auf einem Balzplatz zusammen und erkämpfen sich dort feste Reviere. Das des ranghöchsten Hahns liegt in der Mitte. Beim Auerhahn unterscheidet man Baum- und Bodenbalz. Bei der Baumbalz, die schon vor der Morgendämmerung beginnt, sitzen die Vögel auf einem kräftigen, möglichst waagerechten Ast eines freistehen-

den Baumes. Später am Morgen gehen die Vögel zur Bodenbalz über. Hier finden die Rangordnungskämpfe statt. Ab Ende April/Anfang Mai stellen sich die unauffälligen Hennen ein, vier oder fünf an der Zahl, in manchen Revieren sogar noch mehr. Auch die Paarung findet am Boden statt. Das Brutgeschäft erledigen allein die Hennen.

Nur wenige Vögel des Nordens sind so störungsempfindlich wie der Auerhahn. Schon auf sehr große Entfernung poltert er davon, so daß man ihn nur selten zu Gesicht bekommt. Da er kein besonders geschickter Flieger ist, prallt er bei seiner Flucht leicht mit Bäumen zusammen. Außerdem verbraucht er dafür viel Energie, was im nahrungsarmen Winter zum Tode des Tieres führen kann.

Aus den intensiv genutzten Forsten Mitteleuropas ist das Auerwild so gut wie verschwunden. Zu selten gibt es in diesen Wirtschaftswäldern noch große, ungestörte Bestände mit alten Bäumen, in denen die Vögel zu allen Jahreszeiten Nahrung finden. Alte Wälder sind jedoch auch immer schlagreife Wälder, so daß viele Auerhahn-Reviere früher oder später dem Kahlhieb zum Opfer fallen. In vielen Gebieten Skandinaviens ist der Bestand des größten Rauhfußhuhns in Gefahr geraten, seitdem auch die bisher ungenutzten fjällnahen Urwälder wirtschaftlich interessant geworden sind und man vielerorts bereits mit dem Holzeinschlag begonnen hat.

Mit Kullern und Fauchen

Böiger Wind treibt große Wolken am Himmel zusammen und wieder auseinander. Für Augenblicke wird

Rechte Seite: Balzender Auerhahn *Tetrao urogallus*.

dann das Moor im Licht des Vollmondes fast taghell. Doch schließlich verdunkelt eine geschlossene Wolkendecke Landschaft und Himmel. Nebelschwaden legen sich auf Blänken und Bülten. Die Feuchtigkeit gefriert sofort, und bald sind die Zweige des Heidekrautes und die vertrockneten Halme des Wollgrases dicht mit Reif überzogen. Noch friert es Ende April in fast jeder Nacht auf diesem mittelfinnischen Moor. Zwei Stunden vor Sonnenaufgang legt sich der Wind. Aus der Ferne sind die leisen Rufe von Rauhfuß- und Sperlingskäuzen zu vernehmen. Da schallt plötzlich ein kräftiges Fauchen über das dunkle Moor, ein zweites als Antwort. Dann schwirrende Flügelschläge und heftiges Flügelklatschen: Die Birkhähne sind auf ihrem Balzplatz eingefallen und haben sogleich zu kämpfen angefangen. Bald haben alle Hähne ihre Territorien besetzt. Nun hallt ihr „Kullern" vielstimmig über das Moor. Auch von einem anderen Balzplatz, knapp einen Kilometer entfernt, dringen deutlich die gleichen Laute herüber.

Schon im Spätwinter, noch bei Eis und Schnee, beginnen die Hähne ihre Gruppenbalz. Dazu finden sich mancherorts bis zu 25 von ihnen in den frühen Morgenstunden jahrelang am selben Ort ein. Im Verlauf des Frühjahrs erkämpft sich jeder Vogel ein Territorium auf dem Balzplatz und findet seinen Rang in der Hierarchie der Mitstreiter. Das Zentrum der Arena behauptet der stärkste Raufer, während die noch schwachen Jungen und die abgekämpften Alten mit den Randbereichen vorliebnehmen müssen.

In den Ebenen Mittel- und Nordeuropas liegen die Balzplätze überwiegend auf Mooren, wo die niedrige Vegetation die Streithähne nicht behindert und sie sich auf den Torfbulten regelrecht präsentieren können.

Große Moore bieten außerdem ausreichend freie Sicht, so daß Feinde, vor allem der schnelle Habicht, rechtzeitig wahrgenommen werden können. Aus diesem Grunde balzen Birkhähne ebenfalls gern auf der Eisdecke von Seen. Der Wildbiologe J. KOIVISTO hat ermittelt, daß in Finnland fast ein Drittel der Balzplätze auf zugefrorenen Gewässern liegt. Wenn im späten Frühjahr das Eis schmilzt, versuchen die Hähne, dort so lange wie möglich weiterzubalzen und gehen auch noch nach dem völligen Auftauen nicht selten auf dem Wasser nieder. Koivisto beobachtete einmal einen Hahn, der dabei völlig unter Wasser geriet.

Im Hochgebirge bevorzugen Birkhähne übersichtliche Flächen oberhalb der Baumgrenze, bis in den Mai hinein nicht selten Schneefelder. Oft sind es vom Menschen geschaffene Flächen, die als Balzplätze angenommen werden. Es kommt vor, daß Kahlschläge in Kiefernwäldern von Frühjahr zu Frühjahr mehr Hähne anziehen, während der ursprüngliche Platz auf dem nahegelegenen Moor an Attraktivität verliert. Nur einige rangniedere Hähne bleiben dort; doch wenn in den folgenden Jahren die Fläche wiederaufgeforstet wird und zuwächst, kehren schließlich die Auswanderer auf ihren alten Turnierplatz zurück.

Die Auseinandersetzungen in solchen Balzarenen laufen nach festen Regeln ab: An der Territoriumsgrenze fauchen zwei Hähne einander an, springen dabei aufgeregt in die Luft und fahren mit schnellen, kurzen Schritten auf den Kontrahenten zu. Mit wildem Flügelschlagen schießen sie aneinander in die Höhe und versuchen, sich gegenseitig mit dem Schnabel an Hals oder Kopf zu fassen. Einige kleine Federn tanzen durch die Luft. Solche Kämpfe sind meist recht kurz. Oft halten die

Hähne auch einen halben Meter vor ihrem Rivalen ein, fahren mit einem erregten Ruf, der wie „Kokraio" klingt, wie auf Schienen hin und her, ohne dabei die Distanz zu verändern, und kehren schließlich auf ihre Ausgangsposition zurück. Andere, rangniedere Hähne provozieren zwar bisweilen ihre stärkeren Nachbarn, treten aber, wenn es ernst wird, eilig den Rückzug an. Wirklich heftige Auseinandersetzungen finden eigentlich nur direkt nach dem Eintreffen der Hähne in der Dunkelheit statt. Nach den ersten Gefechten weiß dann bald jeder, wohin er gehört, und die Gemüter beruhigen sich schnell. Nun „kullern" die Hähne nahezu ununterbrochen. Mit nach vorn gestrecktem Kopf, aufgeblähtem Hals, gesträubtem Kehlbart und gefächertem Stoß lassen sie eine Strophe ertönen, die wie „rule-rule-rurule-ru-rule-ru" klingt, das „Kullern". Es erinnert entfernt an ein hohes Taubengurren. Auf einer Torfbulte im Zentrum steht der Platzhahn und zeigt seinen Herausforderern sein „Federspiel", die aufgestellten weißen Unterschwanzdecken. Die leuchtendroten Augenrosen sind so groß, daß sie in der Mitte des Kopfes fast zusammenstoßen. Seine Position ist stark und eindeutig, und jeder, der sie anzweifelt, wird entschlossen in seine Schranken verwiesen.

Nach einer guten Stunde intensiver Balz klingt das Kullern langsam aus. Einige Hähne putzen ihr Gefieder, und wie auf ein Kommando fliegen plötzlich alle davon. Halbzeit! Die Dunkelbalz ist vorüber. Auf den Balzplätzen in Mittelschweden verlassen die Hähne zu diesem Zeitpunkt fast immer die Arena. (In der zweiten Aprilhälfte, wenn schon die ersten Hennen den Balzplatz inspizieren, balzen sie manchmal auch ohne Pause bis in den hellen Morgen durch.) Doch wenn die Sonne

Balzender Birkhahn *Tetrao tetrix*.
Das spröde Ziel der Werbung: tarnfarbige Birkhenne.

über die Wipfel der Bäume steigt und die bis dahin nebelgraue Moorlandschaft rotgelb färbt, haben sie auf einigen Birken am Waldrand bereits wieder Stellung bezogen. Und wenn der erste Lichtstrahl auf den Balzplatz fällt, schießen sie pfeilschnell heran, fliegen eine Landekurve und setzen geräuschvoll auf. Rasch hat jeder sein Territorium besetzt, und bald ist die Luft wieder mit Kullern und Fauchen erfüllt. Manche Hähne sind besonders stark erregt. Fauchend springen sie immer höher und schwirren dann plötzlich mit einem anhaltenden, vibrierenden Zischen ein gutes Stück dahin. Dieser „Flattersprung" ist wohl die faszinierendste Balzäußerung des Birkhahns und kann sich im Verlauf der Balzsaison zu ausgedehnten Flügen steigern.

Plötzlich kommt Unruhe in die Hähne. Ihr Fauchen wird stärker. Aufgeregt trippeln sie auf und ab. Eine Henne, deutlich kleiner als ihre männlichen Artgenossen, erscheint am Rande des Balzplatzes. Aufgrund ihres rostbraunen, schwarz gefleckten Gefieders ist es nicht ganz einfach, sie im Auge zu behalten. Zügig durchwandert sie die Arena. Noch ist keine Paarungszeit, doch die Hähne zeigen schon deutlich Wirkung: Einige drücken sich flach ins Heidekraut und lassen ein leises Wimmern hören, andere folgen, sie umkreisend, der Henne und riskieren Ärger mit den Nachbarn. Nachdem die Henne zweimal den Balzplatz in verschiedene Richtungen durchquert hat, hat sie sich wohl ein Bild von den Hochzeitskandidaten gemacht und streicht ab.

Bereits eine Stunde nach Sonnenaufgang verstummen die Hähne nach und nach; die rangniederen haben bereits ihr Schwanzrad zusammengelegt und verlassen, eifrig nach Nahrung pickend, die Arena. Nur der Platzhahn und seine beiden Rangnachbarn halten noch die Stellung, aber bald reicht es auch ihnen für diesen Morgen, und sie fliegen weg.

Anfang Mai erreicht das Geschehen auf einem Birkhahnbalzplatz seinen Höhepunkt. Die Hennen suchen sich einen der Freier zur Paarung aus. Ihre Wahl wird dabei mit großer Wahrscheinlichkeit auf den Platzhahn oder einen seiner Rangnachbarn fallen. Der finnische Birkwildexperte J. KOIVISTO hat herausgefunden, daß die drei oder vier ranghöchsten Hähne 98 % aller Begattungen durchführen. Obwohl es die Hähne sind, die mit optischen und akustischen Signalen, mit Geflatter, Gezänk und Gezische zum Ausdruck bringen: „Hier kann getreten werden", wie Oskar HEINROTH es treffend beschrieben hat, geht die Initiative bei der Partnerwahl ausschließlich von den Hennen aus. Sie fallen in der Nähe des Balzplatzes ein und begeben sich zu Fuß in die Arena. Mit stark nach vorn gestrecktem Hals und schleifenden Schwingen nähert sich der Platzhahn und umkreist eines der Weibchen. Setzt es sich nieder, kauert sich auch der Hahn mit leicht gelüfteten Flügeln hin. Durch schnelles Kopfdrehen fordert die Henne ihn dann zur Paarung auf, wobei sie ein tiefes Gackern ertönen läßt. Die Kopula dauert ganze drei bis sieben Sekunden. Nach der Paarung haben die Hennen monatelang keinen Kontakt mehr mit den Hähnen.

Bald danach scharrt die Henne am Boden zwischen kniehoher Vegetation eine flache Mulde, die sie sparsam mit Laub, Farn und Federn auskleidet. Sie legt zwischen 7 und 10 Eiern, größere Gelege sind Ausnahmen. Die Jungen schlüpfen nach einer Brutdauer von 26 bis 27 Tagen und verlassen das Nest, sobald sie trocken sind. Anfangs werden sie die meiste Zeit des Tages von der Henne gehudert, doch schon bald gehen sie auf Nahrungssuche. Bereits mit 10 Tagen können sie fliegen, von der dritten Woche an baumen sie auf. Im Alter von 4 Wochen sind die Jungen weitgehend selbständig, bleiben aber noch bis zum Herbst im Familienverband. Die Nahrung der Jungvögel besteht in den ersten Tagen aus Raupen, Käfern, Heuschrecken und anderen Insekten, später überwiegt auch bei ihnen wie bei den Altvögeln die pflanzliche Kost. Im Frühjahr stellen Knospen, Blätter und Blüten von Kräutern einen hohen Anteil. Im Sommer kommen Sämereien und Früchte hinzu, im Herbst Beeren verschiedener Art. Sind Heiden, Moore und die Krautschicht lichter Wälder im Winter zugeschneit, bleiben den Birkhühnern nur die Knospen von Laubbäumen und die Nadeln von Fichte und Kiefer zur Deckung ihres Energiebedarfs.

Die Winter können hart sein im Verbreitungsgebiet der Birkhühner. Doch die Vögel sind an kalte Witterungsbedingungen ausgezeichnet angepaßt. Sie haben wie alle Rauhfußhühner bis zu den Zehen hinab befiederte Läufe. Ihr Federkleid ist dicht und im Untergefieder stark dunig. Sogar die Nasenlöcher sind von Federn bedeckt. An den Zehen stehen seitlich zwei aus Hornplättchen bestehende Kämme hervor, die Balzstifte. Sie haben gleichsam die Aufgabe von Schneeschuhen, mit denen die Tiere problemlos auf festem Schnee laufen können. Im späten Frühjahr werden sie abgeworfen und wachsen bis zum Herbst nach. Bei hohem Schnee halten sich die Tiere in selbstgegrabenen Schneehöhlen auf, in denen der Wärmeverlust stark reduziert wird. Ist die Schneedecke über längere Zeit verharscht, fällt diese Art der Energieeinsparung fort, und der Bestand wird erheblich geschwächt.

Von Birkhühnern und Mäusen

In Schweden arbeitet einer der gegenwärtig bekanntesten Birkhuhnforscher, Per ANGELSTAM, auf der wildbiologischen Station Grimsö von Statens Naturvårdsverket, dem staatlichen schwedischen Amt für Umwelt. Er untersucht seit langem die Lebensgewohnheiten dieses außergewöhnlichen Vogels. Auf den Balzplätzen fängt er die Tiere mit Fangkörben. In der Station werden einzelne Hähne beringt, gewogen, vermessen und mit einem 25 g schweren Sender versehen. Mit Schaumstoff ummantelte Nylongurte um Hals und Flügel halten ihn auf dem Rücken. Telemetrie nennen Wildbiologen die Methode, bei der sie freilebende Tiere mit Sendern versehen, die – aus verschiedenen Richtungen angepeilt – Rückschlüsse auf Standort, Bewegungen und Verhalten zulassen. Nur mit Hilfe der Telemetrie ist es möglich, bestimmte Individuen in einem großen Gebiet regelmäßig zu kontrollieren und gültige Angaben über Sterblichkeitsraten, Gelegegrößen und Bruterfolg zu erhalten. Sie spielt auch eine beachtliche Rolle bei Per Angelstams Untersuchungen zur Populationsdynamik des Birkwildes, die er in einem auf 5 Jahre angelegten Projekt durchführt. In einem Frühjahr hat er 13 Hähne und 12 Hennen mit solchen Sendern ausrüsten und über insgesamt 747 Vogeltage beobachten können. In Zusammenarbeit mit Erik LINDSTRÖM und Per WIDÉN, die parallel über die Beutegreifer Rotfuchs und Habicht arbeiten, hat er so eine Studie über populationsdynamische Prozesse in einer Kleinwild-Gemeinschaft der Nadelwaldzone Mittelschwedens erstellen können.

Die vorläufigen Ergebnisse der Arbeit zeigen, daß in dem 90 km^2 großen Forschungsareal, das von der Jagd und anderen Humanfaktoren wie intensiver Land- und

Forstwirtschaft, Verkehrsbeunruhigung und Tourismus weitgehend unbeeinflußt ist, Bestandsentwicklungen sehr dynamisch verlaufen und in relativ kurzen Abständen starken Schwankungen unterworfen sind. Der Birkwildbestand wird dabei indirekt reguliert durch die im Vierjahreszyklus explosionsartig anwachsende und zusammenbrechende Population der Rötel- und Erdmäuse (*Clethrionomys glareolus* und *Microtus agrestis*). Aber was haben nun Birkhühner ausgerechnet mit Mäusen zu tun?

Neben Dachs, Marder, Wiesel und Habicht ist der Rotfuchs der Hauptfeind des Birkwildes. Seine Nahrung besteht fast ausschließlich aus Mäusen, solange sie reichlich vorhanden und somit leicht zugänglich sind. Erst wenn Mäuse knapp werden, wendet er sich einer alternativen Beute zu, im Winter dem Schneehasen, im Sommer dem Birkhuhn, vor allem Hennen, Jungvögeln und Gelegen. Während in einem mäusereichen Jahr im Spätsommer 2,6 Jungvögel pro km^2 gezählt werden konnten, ergab die Zählung im darauffolgenden mäusearmen Jahr nur einen Bestand von 0,87 Jungvögeln pro km^2. Genaue Erfassungen der Bestandsdichten von Füchsen, Mäusen, Schneehasen und Birkhühnern ergaben eindeutige Korrelationen zwischen dem Birkhuhnbestand im Frühjahr und der Mäusepopulation des vorangegangenen Sommers. Ganz ähnlich beeinflußt auch der Habicht die Zahl der Birkhühner: Er ernährt sich gewöhnlich im Winter von Eichhörnchen, deren Bestand in unregelmäßigen Zyklen schwankt. Bricht die Eichhörnchenpopulation zusammen, weicht auch der Habicht auf die Rauhfußhühner aus.

Ganz sicher spielen auch Witterungseinflüsse während der Brut und Jungenaufzucht eine große Rolle für die

Bestandsentwicklung. Schlechtwetterperioden haben katastrophale Auswirkungen für die jungen Küken. Sie sterben in großen Mengen, weil sie ständig gehudert werden müssen und keine Nahrung suchen können. Ebenso sind die Menge und Qualität der zur Verfügung stehenden Winternahrung entscheidende Kriterien für die Kondition der Population und damit für deren Fortpflanzungserfolg.

Wegen der extremen Klimabedingungen sind im Norden Skandinaviens die Populationsschwankungen viel stärker ausgeprägt als im Süden. Langfristig ist die Bestandsdichte allerdings ziemlich konstant. Wenn auch gegenwärtig nicht mehr die ganz hohen Zahlen der klimatisch günstigen 30er Jahre erreicht werden, so dürften in Schweden zur Zeit doch einige hunderttausend Birkhühner leben. Gefahr droht ihnen durch intensivere Waldwirtschaft, Trockenlegung und Düngung von Feuchtgebieten und fortschreitende Landwirtschaft nur lokal. Der Gesamtbestand des Birkwildes unterliegt hier nicht in erster Linie schlechter werdenden Umweltbedingungen, sondern vielmehr wird seine Zahl nach ökologischen Gesetzen durch das dynamische Auf und Ab von Jägern und Gejagten innerhalb der Kleinwild-Gemeinschaft beeinflußt, der das Birkhuhn angehört.

Ganz anders ist die Situation in Mitteleuropa. Zwar hatte zuerst die in den Niederungen jahrhundertelang betriebene Heidewirtschaft den Birkhuhnbestand erheblich gefördert. Sogar die Anfangszeit der Moorkultivierung brachte der Art Vorteile und damit Bestandszuwächse. Doch zu Beginn dieses Jahrhunderts drängten die zunehmend radikalere Enttorfung der Moore und die Überführung der Heiden in Äcker und Kiefernforste das Birkhuhn stark zurück. Intensive und unsachgemäße Bejagung, forcierter Straßenbau, Beunruhigung durch Touristen und erhebliche Konkurrenz durch den ökologisch weniger anspruchsvollen Fasan trugen zur schnellen Verminderung der Bestände bei. Heute sind alle Restpopulationen bedroht und bedürfen strenger Schutzmaßnahmen, um überhaupt überdauern zu können. Die Bestandszahlen in den alpinen Regionen sind etwas erfreulicher, doch haben auch hier Störungen durch Touristen und Umweltveränderungen nach Anlage von Skipisten und Seilbahnen zu einem Rückgang geführt. Fast alle diese Eingriffe in die Umwelt des Birkhuhns sind ungeheuer massiv und irreversibel, so daß alle Schutzprogramme und eilig ergriffene Sofortmaßnahmen auf Dauer keinen Erfolg versprechen. So dämmert das Birkhuhn in Mitteleuropa in winzigen Refugien seiner endgültigen Ausrottung entgegen. Nur Restpopulationen haben vorübergehend überleben können. Um diese hochgradig gefährdeten Bestände nicht noch zusätzlich zu beunruhigen, sollte jeder, der Birkhähne bei ihrer aufregenden Balz einmal beobachten möchte, die skandinavischen Moore aufsuchen. Dort leben sie heimlich, aber zahlreich und vermutlich noch lange.

Rackelhahn – Ergebnis eines Fehltritts

Manchmal suchen sogenannte „Rackelhähne" die Balzplätze von Birkhähnen, seltener von Auerhähnen auf. Das sind Mischlinge zwischen Birk- und Auerwild. Sie fallen jedem Beobachter sofort auf. Ihre Stimme hört sich an wie ein dumpfes Schnarren aus einem falsch eingestellten Radiogerät. Ein heiseres Fauchen und Schnarchen, urig und dumpf. Rackelhähne sind viel größer und kräftiger als Birkhähne, aber kleiner als

Seltenes Dokument aus freier Wildbahn: Balzender Rackelhahn, Kreuzung aus Birkwild und Auerwild.

Auerhähne. Gewöhnlich jagen sie ihre kleineren Verwandten auf den Balzplätzen pausenlos in alle vier Himmelsrichtungen davon, während sie von Auerhähnen nur Prügel beziehen. Rackelhähne sind äußerst selten. Unter vielen Tausend Stück Birkwild werden alljährlich in Finnland nur drei Exemplare des Rackelwildes erlegt. Rackelhähne sind in Freiheit bisher so gut wie nicht fotografiert worden. So ist die in diesem Band vorgestellte Aufnahme eines balzenden Rackelhahnes ein seltenes und wichtiges Naturdokument.
Zwei verschiedene Kreuzungen sind denkbar: Aus einer Paarung von Birkhahn und Auerhenne entsteht ein Rackelhahn des Birkhahntyps mit metallisch schim-

merndem blauschwarzem Gefieder und dunklem Schnabel. Bei einer Paarung zwischen Auerhahn und Birkhenne entsteht ein Rackelhahn vom „Auerhahntyp" mit
grünlichem Hals und hornfarbenem Schnabel. Weibli-
ches Rackelwild ist bei der Ähnlichkeit von Birk- und
Auerhenne ausgesprochen schwierig zu erkennen,
allenfalls an der Größe. Früher hat man geglaubt, daß
Bastarde zwischen Birk- und Auerwild unfruchtbar
wären, Zuchtversuche in der Gefangenschaft haben
jedoch das Gegenteil erwiesen.

Der mächtige König im Luftrevier – kurz vor dem Absturz gerettet

Am 30. Juni 1976 landete in einem Flugzeug aus der
Bundesrepublik Deutschland ein ungewöhnlicher Passa-
gier auf dem Flughafen Arlanda bei Stockholm. In einer
knallroten Babytragetasche wurde ein junger weiblicher
Seeadler mit der Ringnummer H 8009 von Bord ge-
tragen.
Der Vogel war zwei Monate zuvor in einer Brutma-
schine geschlüpft, nachdem seine Mutter krank unter
dem Horstbaum gefunden worden war. Das Waisenkind
wurde zunächst von Hand aufgezogen und dann einem
Adlerbrutpaar in einem Gehege untergeschoben, wo es
weiter heranwuchs. Aber in der Bundesrepublik war
unter den wenigen in Freiheit brütenden Seeadlerpaa-
ren keines, das für einen Adoptionsversuch geeignet
erschien.
An der schwedischen Ostküste gab es in diesem Sommer zwar auch nur 10 brütende Adlerpaare, von denen
aber eins ein Junges im gleichen Alter hatte. Die Altvögel akzeptierten den plötzlichen Zuwachs in ihrem Nest,

und beide Jungen wurden Ende Juli gemeinsam flügge. Nun stand der aktiven Mitarbeit von H 8009 am schwedischen Projekt „Seeadler" nichts mehr im Wege.

Noch vor 100 Jahren war der Seeadler – Deutschlands Wappentier – ein verbreiteter Brutvogel an der Ostseeküste. Gnadenlose Verfolgung ließ ihn seit dem Ende des vergangenen Jahrhunderts immer seltener werden. In Schweden wurden daher die letzten verbliebenen Vögel im Jahre 1924 unter Schutz gestellt. 30 Jahre später konnte man den „mächtigen König im Luftrevier" wieder überall in den schwedischen Ostseeschären beobachten. Er schien seiner Ausrottung noch einmal knapp entgangen zu sein.

Fast schlagartig änderte sich das Bild jedoch wieder. Hatte in den 30er und 40er Jahren der Bruterfolg noch bei 75 % gelegen, wie es unter vom Menschen unbeeinflußten Bedingungen normal ist, sank er in den 50er Jahren plötzlich unter 30 %. Waren Horste mit zwei Jungen früher die Regel, stellten sie nun die Ausnahme dar.

Chemische Analysen der Eier brachten die Ursache für den starken Rückgang, der auch andere Seevogelarten traf, an den Tag: In den Seeadlern hatten sich das Pflanzenschutzmittel DDT und andere Giftstoffe so stark angereichert, daß ihre Fortpflanzungsfähigkeit geschädigt war. Entweder waren die Eier unfruchtbar, oder die Schalen waren so dünn, daß sie unter den brütenden Eltern zerbrachen. Die Greife waren besonders hart von der ungehemmten Anwendung des Pestizids DDT in allen Ostseeländern betroffen, denn sie stehen am Ende einer Nahrungskette, innerhalb der sich von Glied zu Glied die Giftbelastung ungefähr verzehnfacht.

1964 führte Svenska Naturskyddsföreningen (SNF), der schwedische Naturschutzverein, für die gesamte Ostküste eine sorgfältige Zählung des Seeadlerbestandes durch, die von nun an jährlich wiederholt wurde. Die immer entmutigenderen Zahlen ließen den SNF im Jahre 1971 das „Projekt Seeadler" ins Leben rufen. Auch in Finnland gründete sich 1973 eine Arbeitsgruppe aus Wissenschaftlern und Vertretern verschiedener Naturschutzorganisationen, um den Untergang des Seeadlers zu verhindern.

Heute scheint ein überlebensfähiger Adlerbestand an der finnischen und schwedischen Ostseeküste wieder gesichert zu sein. Innerhalb eines internationalen Beringungsprogrammes wurden zwischen 1976 und 1986 entlang der Ostseeküste 277 Jungvögel mit farbigen Ringen versehen, so daß man Daten über ihr Überleben und ihre Ausbreitung gewinnen konnte.

Für den Aufwärtstrend der letzten Jahre sorgten vor allem die Faktoren Winterfütterung und Nistplatzschutz. An einigen hundert Stellen wurden Winter für Winter Fleisch und Schlachtabfälle ausgelegt. Jungvögel erhielten dadurch leichter zugängliche Nahrung, was ihre Überlebenschancen im ersten Winter stark erhöhte. So konnte sich allmählich die Gesamtpopulation auch wieder verjüngen, was zu einer besseren Reproduktionsrate führte. Möglicherweise begünstigte die giftfreie Winternahrung ebenfalls den Bruterfolg bei erwachsenen Tieren. Ein langjähriger Brutplatzschutz hielt nicht nur Eiersammler und Fotografen von den Nestern fern, sondern sorgte auch dafür, daß Brutrevier und Horstbaum nicht einer unüberlegten Waldnutzung zum Opfer fielen.

Der Sommer 1988 brachte das bislang beste Brutergeb-

Seeadler *Haliaeetus albicilla* am Luderplatz.

nis an der schwedischen Ostküste. 45 % der kontrollier-
ten Paare brüteten erfolgreich und zogen 42 Junge auf.
Auch Finnland meldete 1988 mit 31 Jungvögeln sein
bestes Ergebnis seit vielen Jahren.
Die positive Bestandsentwicklung wurde zusätzlich
durch einen Rückgang von DDT und PCB im Ostsee-
wasser gestützt. Das Anfang der 70er Jahre erlassene
Anwendungsverbot für DDT führte allerdings erst in
den 80ern zu einer Verringerung der Belastung in den
analysierten Eiern.

Das deutsch-schwedische Seeadlerweibchen H 8009 wurde erst 1982 an einem Futterplatz an der schwedischen Ostküste wiederentdeckt und identifiziert. Ein Jahr später tauchte es an der gleichen Stelle mit einem Adlermann auf. Dieses Paar unternahm 1984 seinen ersten Brutversuch, der aber fehlschlug. Doch in den folgenden drei Jahren brachten sie jeweils ein Junges hoch. Im April 1988 verschwand das Männchen plötzlich und die begonnene Brut mißglückte. Anfang September 1988 wurde H 8009 tot in seinem Brutrevier aufgefunden – erschossen und wohl erst nach einer Zeit voller Qualen gestorben.

Nationalparks in Schweden – Finnland

Als 1909 im schwedischen Lappland die Parks Abisko, Sarek und Stora Sjöfallet gegründet wurden, waren sie nicht nur die ersten Nationalparks in Skandinavien, sondern in Europa überhaupt. Gebiete im Hohen Norden Europas wurden also eher als alle anderen geschützt, obwohl sie damals nur schwer erreichbar und kaum bedroht waren. In den folgenden beiden Jahrzehnten kamen viele weitere Parks dazu. Schwedens jüngster ist der 1986 eingerichtete Stenhuvud-Nationalpark an der Südostküste.
In Finnland entstanden 1938 als erste der Pallas-Ounastunturi-Nationalpark und der Pyhätunturi-Nationalpark, die ebenfalls beide nördlich des Polarkreises liegen. Die meisten der 18 Nationalparks südlich des Polarkreises wurden erst 1956 bzw. 1982 gegründet und

sind mit Ausnahme des Oulanka-Nationalparks erheblich kleiner als die lappländischen Parks. Eine Besonderheit stellen in Finnland sogenannte Naturparks dar, die ausschließlich für die Forschung reserviert sind und von Touristen gar nicht oder nur auf bestimmten Wegen betreten werden dürfen.

An dieser Stelle werden nur die Nationalparks südlich des Polarkreises behandelt. Die nördlicher liegenden Nationalparks sind bereits im LB-Naturreiseführer „Lappland" ausführlich beschrieben.

Die Nationalparks südlich des Polarkreises in Schweden, von Norden nach Süden:

Pieljekaise (1), 153,4 km²: Das knapp südlich des Polarkreises gelegene Gebiet beherbergt unberührte und teilweise üppige Fjällbirkenwälder auf kräuterreichen oder heideartigen Böden. Der Park ist nur zu Fuß auf dem Kungsleden von Jäckvik oder Adolfström erreichbar.

Skuleskogen (2), 23,6 km²: Fjäll, Wald und Meeresküste treffen hier zusammen. Die Slåttdalsschlucht mit 40 m hohen Steilwänden gilt als geologische Sehenswürdigkeit. Eine seltene, bis zu 10 m lange Bartflechtenart (vermtl. *Usnea longissima*) wächst an etlichen Fichten. Der Park ist leicht zu erreichen, denn er liegt direkt bei Docksta an der E 4 zwischen Härnösand und Örnskjöldsvik.

Sonfjället (3), 26,2 km²: Das isolierte, freistehende Bergmassiv mit Nadel-, Birkenwald und Fjäll gilt als „Bärenberg". Am südwestlichen Berghang findet man interessante Gletscherrinnen. Erreichbar mit dem PKW von Hede und Hedeviken.

Töfsingdalen (4), 16,2 km²: Der sehr unzugängliche Kiefernurwald liegt in einem Fjälltal innerhalb des 517 km² großen Naturreservats Långfjället. Der Park ist nur zu Fuß von einigen Ortschaften im nördlichen Dalarna zu erreichen.

Hamra (5), 0,28 km²: In dem kleinen Urwald mit bis zu 300 Jahre alten Kiefern gibt es interessante Bartflechten an den alten Bäumen zu entdecken. Zwischen der reichen Bodenvegetation mit Blau- und Multebeeren blüht im August das Netzblatt *Goodyera repens*. Das Gebiet ist mit dem PKW von der Reichsstraße 81 zwischen Orsa und Sveg leicht zu erreichen.

Ängsö (6), 0,73 km²: Auf der naturschönen Insel in den Schären vor Stockholm soll eine für die Schären typische Kulturlandschaft erhalten werden. Die Insel beherbergt eine artenreiche Flora und Fauna, in Hemviken brüten Haubentaucher in einer großen Kolonie. Der Park ist mit dem Schiff von Furusund zu erreichen.

Garphyttan (7), 0,70 km²: Der kleine Park schützt eine alte Kulturlandschaft ehemaliger Bergmannshöfe mit außerordentlich blumenreichen Wiesen. Der durch die frühere Bewirtschaftung entstandene Waldtyp führte zu einem großen Vorkommen der Haselmaus. Der etwa 20 km westl. von Örebro gelegene Park ist leicht zu erreichen.

Tiveden (8), 13,5 km². Das hügelige Gebiet mit einigen Resten von Urwald gilt als „Schwedens südlichste Wildnis". Außerhalb des Parks liegt der See Fagertärn mit seinen berühmten rosafarbenen Seerosen. Den Tiveden erreicht man von Karlsborg oder Askersund.

Gotska Sandön (9), 36,5 km²: Die Kies- und Sandinsel liegt knapp 40 km nördlich von Gotland. Der alte Kiefernwald ist berühmt für seine ungewöhnlich artenrei-

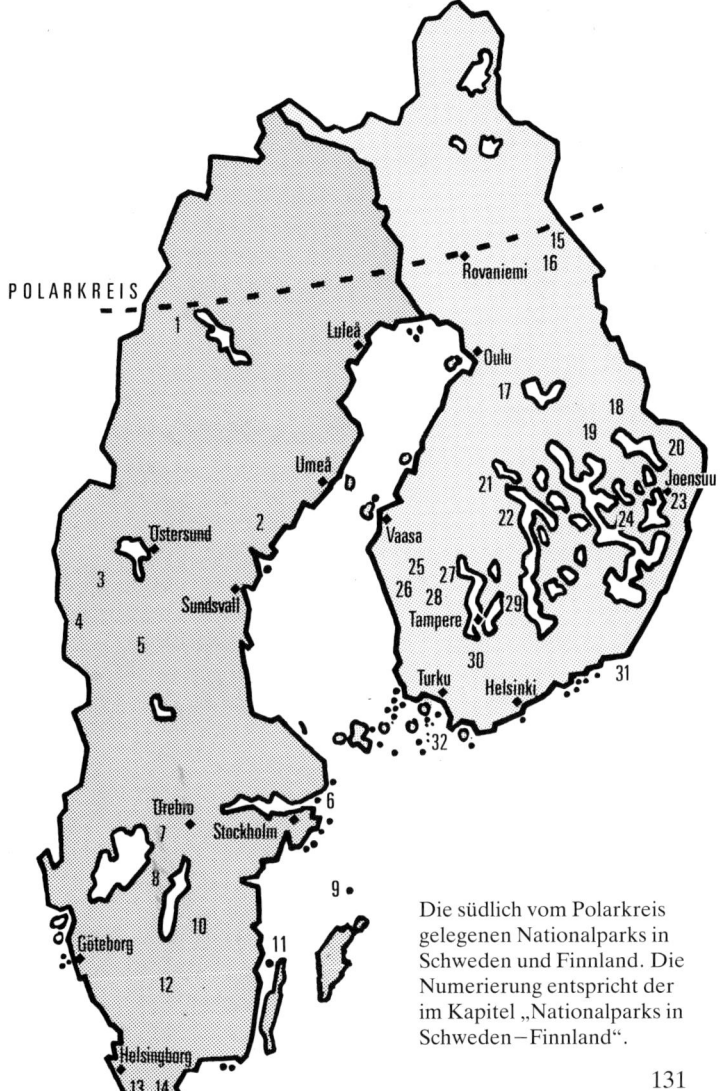

Die südlich vom Polarkreis
gelegenen Nationalparks in
Schweden und Finnland. Die
Numerierung entspricht der
im Kapitel „Nationalparks in
Schweden–Finnland".

131

che Käferfauna. Der Zugang ist auf 2 000 Besucher im Jahr beschränkt, Ausländer haben keinen Zutritt.

Norra Kvill (10), 0,27 km^2: Das sehr kleine Gebiet schützt alte Kiefernwaldbestände auf einem Bergrücken des småländischen Hochlandes, die den Waldsee Idegölen umschließen. Der mit dem PKW erreichbare Park liegt 18 km nordwestlich von Vimmerby im Regierungsbezirk Kalmar.

Blå Jungfrun (11), 0,66 km^2: Auf der Granitinsel im Kalmarsund gibt es interessante Grotten und Felsplatten zu entdecken. An den Südhängen der Insel wächst dichter Eichenwald, dazu gibt es noch eine bemerkenswerte Moos- und Flechtenvegetation. Im Sommer besteht eine tägliche Bootsverbindung ab Byxelkrok auf Öland.

Store Mosse (12), 78,5 km^2: Der Park bewahrt die größte baumlose Moorfläche Schwedens mit teilweise kaum zugänglichen Sümpfen. Im Nordosten liegt der Kävsjö mit reicher Vogelfauna, auf den umgebenden Mooren gibt es eine der dichtesten Kranichpopulationen Schwedens. Im Park findet der Besucher Wanderwege, Rastplätze und Vogeltürme, von Värnamo führt eine Straße durch das Moor.

Dalby Söderskog (13), 0,36 km^2. Der dichte Eichen- und Buchenwald mit seiner reichen Bodenvegetation ist Anfang Mai, wenn die Frühblüher den Waldboden wie ein Teppich bedecken, am schönsten. An den Park grenzen die Naturreservate Dalby Norreskog und Dalby Hage. Das Gebiet liegt rund 10 km südöstlich der Stadt Lund an der Reichsstraße 12.

Stenshuvud (14), 3,8 km^2: Der 20. und bisher letzte schwedische Nationalpark ist überwiegend von lichtem Laubwald mit reicher Bodenvegetation bedeckt. Sein markantes Kennzeichen ist die 97 m hohe Felskuppe Stenshuvud („Steinkopf"). Im Park befinden sich Wege, die auch für Rollstuhlfahrer geeignet sind. Er ist mit dem PKW über Rörum und S Melby erreichbar.

Die Nationalparks südlich des Polarkreises in Finnland, von Norden nach Süden:

Oulanka (15), 206 km²: Der größte finnische Park südlich des Polarkreises wird vom Fluß Oulankajoki und seinen Nebenflüssen beherrscht. Seine Hauptattraktion sind die Wasserfälle Kiutaköngäs. Im Norden des Gebietes liegen ausgedehnte Moore. Der Park beherbergt knapp 30 Säugetierarten mit Wolf, Bär und Vielfraß, 120 Brutvogelarten mit Singschwan, Prachttaucher, Seidenschwanz, Unglückshäher, Raubwürger. Der Wanderweg „Karhunkierros" (Bärenweg) läuft durch den Park. In der Biologischen Station befindet sich ein Besucherzentrum mit einer interessanten Ausstellung zur Natur Nordostfinnlands, in der Nähe liegt ein neuer gutausgestatteter Campingplatz. Den Park erreicht man mit dem PKW von Käylä, ca. 40 km nördl. von Kuusamo.

Riisitunturi (16), 76 km²: Der Berg Riisitunturi ist einer der höchsten Punkte (466 m) im Hochland von Kuusamo—Posio und liegt in der feuchtesten Gegend Finnlands, weshalb eigenartige Hangmoore dem Berg hinauf bis zum Gipfel reichen. Den Park erreicht man am besten von der Straße Posio – Maaninkavaara.

Rokua (17), 4,2 km²: Siehe dazu das Kapitel „Grabschmuck aus dem Kiefernwald".

Hiidenportti (18), 40 km²: Seinen Namen hat der Park von Hiidenportti selber, einer Schlucht mit bis zu 20 m hohen Steilwänden. Den Park prägen Moore und Heiden mit trockenen Kiefernwäldern, in denen teilweise bis zu 400 Jahre alte Bäume stehen. Eine Straße führt von Sotkamo über Tipasoja bis in Parknähe.

Tiilikkajärvi (19), 23 km² (davon 3 km² Wasser): Mittelpunkt des Parks ist der unberührte See Tiilikkajärvi mit umliegenden Aapa-Mooren. Die sandigen Ufer des Sees ziehen im Sommer viele Urlauber zum Baden an. Der Park liegt an der Straße 585 von Rautavaara nach Valtimo.

Patvinsuo (20), 88 km²: Die weitgestreckte Moorlandschaft nördl. des Sees Koitere stellt durch ihre Unberührtheit und die östl. Lage ein bedeutendes Tierreservat mit Waldren, Braunbär, Biber, Saatgans, Singschwan und vielen Greifvogelarten dar. Das Gebiet ist mit dem Pkw von der Straße 73 aus erreichbar.

Salamajärvi (21), 59,5 km² (davon 3,9 km² Wasser): Weite baumlose Moore prägen den Park. 1979 begann man hier mit der Wiedereinbürgerung des Waldrens, das hier bis zur Jahrhundertwende sein letztes Vorkommen in Finnland hatte. Schon vor der Parkgründung war das Gebiet, besonders der See Koirajärvi, ein beliebtes Angelrevier mit fanggroß ausgesetzten Regenbogenforellen. Auch heute wird der Park von weitaus mehr Anglern als anderen Naturinteressierten besucht. An den Park grenzt der Salamanperä-Naturpark, der nur auf einem gekennzeichneten Weg betreten werden darf. Erreichbar sind National- und Naturpark mit dem PKW von Perho oder Kivijärvi. In einem alten Holzfällerlager mit Sauna am See Koirajärvi kann man billig eine Unterkunft bekommen.

Rechte Seite: Wanderweg im Salamajärvi-Nationalpark.

Pyhä-Häkki (22), 12 km²: Hier liegt Südfinnlands größtes Urwaldgebiet mit teilweise 400 Jahre alten Kiefern. Stürme und Brände lichteten immer wieder den Wald, so daß heute Bäume höchst unterschiedlichen Alters beieinanderstehen. Vögel und Insekten, die für alte Wälder typisch sind, haben dort dichte Vorkommen. Eine Straße von Saarijärvi nach Viitasaari läuft direkt durch den Park.

Petkeljärvi (23), 6,3 km²: Mehr als 80 % der Parkfläche werden von lichtem Kiefernwald bedeckt, mit einer Bodenvegetation aus Preiselbeeren, Krähenbeeren und Rentierflechten. An feuchten Stellen wachsen Multebeeren und die Zweiblättrige Waldhyazinthe. Mit dem PKW erreichbar von Ilomantsi.

Linnansaari (24), 21 km² (davon 7 km² Wasser): Der Park schützt eine schöne Insellandschaft im Haukivesi-Seegebiet. Interessantestes Tier ist die vom Aussterben bedrohte Saimaa-Ringelrobbe *Pusa hispida saimensis*, von der etwa 20 Exemplare im Haukivesi leben. Das Gebiet weist eine reiche Vogelfauna mit u.a. Fischadler, Rohrweihe, Küstenseeschwalbe, Großer Brachvogel, Mittelsäger, Krickente auf. Unterkunft und Information erhält man u. a. in Rantasalmi.

Kauhaneva-Pohjankangas (25), 31,5 km²: Der Park besteht aus den 3 Hochmooren von Kauhaneva und dem Bergrücken Pohjankangas. Er ist ein wichtiges Vogelschutzgebiet mit Kranich, Silbermöwenkolonie, Mantelmöwe, Prachttaucher. Im Frühjahr kann man die Balz von Birkhahn und Kampfläufer beobachten. Der Kyrönkangas-Sommerweg, eine mittelalterliche Handelsstraße, führt zwischen Kauhajoki und Karvia durch den Park.

Lauhanvuori (26), 26 km²: Der zentrale Teil des Parks

ist der Hügel Lauhanvuori, mit 231 m höchster Punkt in Westfinnland und 100 m höher als die umgebende Landschaft. Im Südwesten des Parks liegt ein Stück nacheiszeitlicher Meeresküste, eine fast einen Kilometer lange Steinaggregation ohne jede Vegetation. Der Hügel, auf den von Isojoki und Perä-Hyyppä eine Straße hinaufführt, ist im Winter ein beliebtes Skigebiet.

Helvetinjärvi (27), 21 km²: Hauptattraktionen des Parks sind der buchtenreiche See Haukkajärvi mit seinen schönen Sandstränden und Helvetinkolu, eine tiefe Bergspalte, die den Wanderer zum Canyon des Sees Helvetinjärvi hinabführt. Von Ruovesi führt eine Waldstraße zum Park.

Seitseminen (28), 30,6 km²: Mehr als 10 000 Personen besuchen jährlich dieses abwechslungsreiche Stück Natur mit Urwald, Mooren, Seen und langgestreckten Sandhügeln. Zur artenreichen Vogelwelt gehören u.a. Habichts- und Sperlingskauz, Dreizehenspecht, Trauerschnäpper, Kranich und Singschwan. Ein Informationszentrum befindet sich im ehemaligen Gutshof Kovero, der mit dem PKW aus allen Richtungen zu erreichen ist.

Isojärvi (29), 19 km²: Große Höhenunterschiede prägen den Park: Hügel mit steilen Wänden, enge Täler. In einem Senkungsgraben liegt der fjordähnlich schmale, fast 20 km lange See Isojärvi, dessen Nord- und Südufer teilweise zum Park gehören. Das etwas unzugängliche Terrain südlich des Sees bewahrte einige Waldstücke vor der wirtschaftlichen Nutzung. Erreichbar von der Straße zwischen Kuhmoinen und Länkipohja.

Liesjärvi (30), 6,3 km²: Der Park bewahrt in der dichtbesiedelten Kulturlandschaft Südfinnlands ein Stückchen Ödland, auf dem sich alte Landnutzungsarten wie Brandrodung, Teer- und Holzkohleproduktion länger als anderswo hielten. Von der Straße Helsinki−Forssa führt ein 2 km langer Weg zum Waldhüterhof Korteniemi im Park.

Itäisen Suomenlahti (31), Landfläche 5 km²: Der Park umfaßt die östlichsten äußeren Schären Finnlands, Hunderte zum Teil baumloser kleiner Inseln. Hier liegt ein wichtiges Vorkommen der bedrohten Kegelrobbe. Die vielseitigste Natur bietet die Insel Ulko-Tammio, die man mit einem Tourenboot von Kotka erreichen kann. Die bewohnten Fischerinseln Haapasaari und Kaunissaari werden vom regulären Schiffsverkehr von Kotka aus angelaufen.

Saaristomeri (32), 30 km²: Der Schären-Nationalpark erstreckt sich südwestlich der Hauptinseln Nagu, Korpo, Houtskär, Dragsfjärd und Hitis. Reste alter Siedlungen und eine einzigartige Natur mit vielseitiger Flora und Fauna verleihen dem erst 1983 gegründeten Park seine Bedeutung. Hier liegen Finnlands einzige Vorkommen von Höckerschwan und Brandgans, auch Seeadler und Kegelrobbe können beobachtet werden. Noch gibt es keine besonderen touristischen Einrichtungen für den Park, Unterkünfte finden sich aber auf den o. g. Inseln.

Die Aufgaben, die die Nationalparks erfüllen sollen, werden in beiden Ländern etwa so gesehen, wie sie für Finnland die Staatliche Forstverwaltung formuliert hat: „Die Erhaltung der Natur ist das hauptsächliche Ziel der Nationalparks und darum dienen sie besonders
— der wissenschaftlichen Forschung, indem sie Vergleichs- und Kontrollflächen zur Verfügung stellen; dieser Aspekt wird ständig wichtiger, da einheimische Pflanzen und Tiere an anderen Stellen immer seltener werden;

138

— der Erziehung und dem allgemeinem Wissen über die Natur, indem sie Gelegenheiten schaffen, die Natur und die Vorgänge in ihr zu beobachten;
— der Erholung, indem sie ausgezeichnete Möglichkeiten für Ausflüge, zum Wandern und Zelten und zum Genuß der Landschaft bieten."
Da öffentlicher Zugang und Naturschutz ohne besondere Regelungen kaum miteinander zu vereinbaren sind, gelten für alle Nationalparks Vorschriften, die sich unter Berücksichtigung lokaler Gegebenheiten mehr oder weniger ähneln.

Vorschriften und Regeln für den Aufenthalt in Nationalparks

Sondervorschriften und Regeln wurden erarbeitet, um einer Verarmung der Böden, Fauna und Flora im Nationalparkgelände vorzubeugen. Sie besitzen allgemeine Gültigkeit für sämtliche Nationalparks in Schweden.

Verboten ist es,

● Naturgegenstände oder die Beschaffenheit der Erdkruste zu zerstören oder zu beschädigen,

● wachsende oder tote Bäume zu fällen oder zu beschädigen,

● ohne ausdrückliche Erlaubnis zu fischen,

● Tiere zu töten, einzufangen oder zu jagen und Eier zu entnehmen,

● Hunde in das Parkgelände mitzunehmen,

● Motorfahrzeuge zu benutzen oder mit Motorbooten oder Flugzeugen zu landen.

Gestattet ist indessen,

- trockenes Reisig und Zweige für ein Lagerfeuer zu verwenden, wenn nicht gerade das Entzünden von offenen Feuern behördlich verboten ist,
- Beeren zum unmittelbaren Genuß zu pflücken,
- in der Zeit vom 1. Januar bis zum 30. April Ziehhunde mitzunehmen.

Sonderregeln für die einzelnen Nationalparks werden getrennt erlassen und durch Sonderdrucksachen und Beschilderungen mitgeteilt. (Quelle: Schwedisches Staatliches Amt für Naturschutz.)

In den Parks, die in der Fjällregion liegen, darf in der Regel Rentierzucht betrieben werden, und so wird der Wanderer immer wieder kleinen oder großen Herden auf ihren Sommerweiden begegnen. Vielleicht wird er sich den Tieren nähern wollen, um ein Foto vom „Haustier der Lappen" zu machen. Doch Rentiere sind keine Haustiere. Sie sind weniger „halbzahm" als vielmehr „halbwild". Renkühe verlassen schon bei geringen Störungen ihre Kälber. Aufgeschreckt fliehende Herden können sich mit anderen vermischen. So kann der unvorsichtige Tourist im Sommer den Züchtern zusätzliche Arbeit für Tage bescheren. Darum sollte man Rücksicht nehmen und um weidende Herden stets einen Umweg machen.

Das Interesse an Fjäll und Wildnis als Urlaubslandschaft ist in den letzten Jahren ständig gestiegen; gutausgebaute Straßen lockten zusätzliche Besucher, auch aus anderen Ländern, in bisher entlegene Gebiete. Allein die Wasserfälle Kiutaköngäs im Oulanka-Nationalpark ziehen in den wenigen Sommerwochen Jahr für Jahr etwa 20 000 Schaulustige an. Store-Mosse- und Tiveden-

Nationalpark bringen es je auf rund 80 000 Besucher im Jahr, der erst vor wenigen Jahren gegründete Stenshuvud-Nationalpark ist schwedischer Spitzenreiter mit ca. 200 000 Personen pro Jahr. Da wundert es nicht, daß heute Schlagworte wie Differenzierung und Kanalisierung der Touristenströme, Pufferzone, Besucherbegrenzung und Zutrittsverbote zunehmend die Diskussion um die Zukunft der Nationalparks beherrschen. Die mit Zigarettenkippen und allen möglichen anderen Abfällen übersäten Aussichtsplattformen oberhalb von Kiutaköngäs sind ein deutlicher Hinweis darauf, daß sich strikter Naturschutz und öffentlicher Zugang an Plätzen von besonderem Publikumsinteresse fast gegenseitig ausschließen.

Informationsmaterial über die Nationalparks und Naturschutz, auch in deutscher oder englischer Sprache, kann man bei den nachfolgenden Behörden anfordern:

Metsähallitus (Staatsforstverwaltung)
PL 233
SF-00121 Helsinki 12, Finnland

Finnish Forest Research Institute
Unioninkatu 40 A
SF-00170 Helsinki 17, Finnland
(zuständig für die Parks Pallas-Ounastunturi und Pyhätunturi)

Suomen luonnonsuojeluliitto
(Finnischer Naturschutzverband)
Perämiehenkatu 11 A 8
SF-00150 Helsinki, Finnland

Statens naturvårdsverket
(Staatliches Amt für Umweltschutz)
Box 1302
S-171 25 Solna, Schweden

Domänverket (Staatsforstverwaltung)
S-791 81 Falun, Schweden

Svenska naturskyddsföreningen
(Schwedischer Naturschutzverein)
Box 4510
S-102 65 Stockholm, Schweden

Wandern in Schweden—Finnland

Hundert Meter hinter dem Parkplatz beginnt die Wildnis. Einige Minuten nach der Gebirgsstation ist man allein. Nirgendwo sonst in Europa gelangt der Wanderer mit nur wenigen Schritten von der Zivilisation in die „Wildnis", und wenn er die Nähe touristischer Einrichtungen verlassen hat, wird er möglicherweise für Stunden oder gar Tage keinen anderen Menschen treffen.
Doch Menschenleere und Unberührtheit verheißen nicht nur ungetrübte Naturerlebnisse, hinter ihnen verbergen sich auch Gefahren, denen in jedem Sommer schlecht vorbereitete und leichtsinnige Touristen, meist aus nichtskandinavischen Ländern, zum Opfer fallen. In kostspieligen Rettungsaktionen müssen hilflose Wildnisfreunde aus ihrer ausweglosen Situation befreit werden. Darum sollte jeder, der in Schweden oder Finnland wandern will, einige wichtige Verhaltensregeln unbedingt ernstnehmen:

Informationstafel in einem Naturschutzgebiet auf der Insel Öland.

142

● Nie allein gehen! Ohne Begleiter, die Hilfe organisieren, kann eine Sturzverletzung oder Kreislaufschwäche schon Lebensgefahr bedeuten.

● In der Gebirgsstation oder am Auto eine Nachricht über Wanderziel und ungefähre Ankunft bzw. Rückkehr hinterlassen. Nur wer vermißt wird, wird auch gesucht. Zurückmelden!

● Auch kurze Touren nie ohne Karte und Kompaß unternehmen! Wer damit nicht umgehen kann, schließt sich besser einer geführten Wanderung an.

● Der Gefahr von Unterkühlung rechtzeitig begegnen! Bei Lufttemperaturen zwischen 0 und 10°C tritt die Gefahr, lebensgefährlich zu unterkühlen, am häufigsten auf. Selbst im Hochsommer kann ein Wettersturz mit Regen, Hagel oder Schnee einen unerfahrenen und schlecht ausgerüsteten Wanderer in Lebensgefahr bringen. 10°C kaltes Wasser, das durch die durchgenäßte Kleidung an den Körper gelangt, entzieht dem Körper die Wärme weitaus schneller, als er sie produziert. Frieren und Erschöpfungsgefühle sind die ersten Anzeichen einer drohenden Unterkühlung. Dann sollte man nicht mehr den Gipfel noch erreichen oder den Fisch noch fangen wollen. Raus aus dem Wind und versuchen, trocken zu bleiben! Schon bevor es ungemütlich wird, wetterfeste Kleidung überziehen! Nasse Baumwolle verliert ihre Isolierfähigkeit sofort völlig, Wolle hält auch naß noch einigermaßen warm. Wenn man durchnäßt ist, beschleunigt schon der leichteste Wind den Wärmeverlust.

● Seine Kräfte und Erfahrung nicht überschätzen! Eine Wandergruppe ist nur so stark wie ihr schwächstes

Mitglied. Wenn einer überfordert ist, kehren am besten alle um.

● Keine Abkürzungen nehmen! Steile Hänge und Schneefelder sollte man meiden und auf keinen Fall hinunterrutschen. Im Gebirge gilt: „Für Abkürzungen haben wir keine Zeit."

Die beste Jahreszeit für eine Wanderung in Skandinavien ist zweifellos der Spätsommer. Das Wetter ist beständig, die Wege sind abgetrocknet, die Flüsse führen wenig Wasser. Die Beeren am Wegesrand sind reif, und vor allem sind die lästigen Stechmückenschwärme verschwunden, die im Frühsommer den Aufenthalt in niedrigen, windgeschützten Lagen zur Hölle machen. Im Norden ist ein gutes Mückenmittel zwischen Mitte Juni und Mitte August ein absolutes Muß.

Wer zum ersten Mal einen Wanderurlaub im Norden Europas vorbereitet, sollte daheim nicht unnötig Geld für eine möglicherweise unbrauchbare Ausrüstung ausgeben. Nicht zufällig schwören erfahrene Wildnisfreunde auf skandinavische Produkte. Ob Zelt oder Regenjacke, Gummistiefel oder Sturmkocher – alles gibt es am Urlaubsort oder in der nächsten Stadt zu kaufen und zudem billiger als in einem Spezialgeschäft zu Hause.

Abgesehen vom Hochgebirge, ist man mit zum Wandern geeigneten Gummistiefeln besser beraten als mit Bergschuhen, weil doch häufig feuchte und moorige Passagen zu überqueren sind.

Folgende Seiten:
Links: Schirmmoos *Splachnum luteum*.
Rechts: Einprägsames Bild des Nordens: Mitternachtssonne.

Rechte und Pflichten in der Natur

In Schweden und Finnland gelten sehr weitgehende Rechte auf Bewegungsfreiheit in der Natur. Sie beruhen auf einem über Jahrhunderte gewachsenen Gewohnheitsrecht, wie es wohl nur in den dünn besiedelten Ländern des Nordens entstehen konnte. Jedermann ist berechtigt, fremden Grund und Boden ohne Erlaubnis des Besitzers zu betreten, zu überqueren oder sich dort kürzere Zeit aufzuhalten, sofern er nicht die Hausfriedensgrenze verletzt oder Schäden, beispielsweise an der Saat, anrichtet. Von diesem Jedermannsrecht lassen sich viele großzügige Einzelrechte ableiten, die jedoch alle auch Pflichten beinhalten.

Was man mit kleinen Einschränkungen darf:

● Auf ungenutztem Boden für ein oder zwei Nächte zelten. Dabei sollte man einen ausreichenden Abstand zum nächsten Haus einhalten. Es gehört sich, daß man in der Nähe von Wohnhäusern immer erst den Grundbesitzer um Erlaubnis bittet, vor allem dann, wenn man länger bleiben möchte. Kaum jemand wird einen abweisen. Bevor man in bewohntem Gebiet einen Campingwagen aufstellt, sollte man immer das Einverständnis des Grundbesitzers einholen. Im Hochgebirge oder fernab jeder Siedlung braucht man natürlich niemanden um Erlaubnis zu bitten.

● In Schweden ein Lagerfeuer anzünden, wenn nicht gerade Waldbrandgefahr besteht. Dagegen darf man ohne Genehmigung des Grundbesitzers in Finnland kein offenes Feuer machen. Während trockener Zeiten ist jedes Entfachen von Feuern verboten. Regionale Waldbrandwarnungen werden täglich durch Rundfunk,

Fernsehen und Presse verbreitet. Auf Klippen sollte man grundsätzlich nie ein Feuer anzünden, da die Hitze die Steine platzen läßt.

● Seen und Gewässer mit Booten befahren, am Strand anlegen, sich niederlassen und baden, wenn das Ufer nicht zu einem Privatgrundstück gehört.

● Wildwachsende Beeren, Pilze und Kräuter sammeln, totes Holz aufheben. In Schweden gehören Nüsse immer dem Grundbesitzer, in Finnland darf man zeitweise auf staatlichem Grund als Tourist keine Multebeeren sammeln. Multebeeren stellen für die einheimische Bevölkerung eine wichtige Einnahmequelle dar, um die es schon zu regelrechten „Multebeer-Kriegen" zwischen den sonst friedlichen nördlichen Nachbarländern gekommen ist.

Was man in keinem Fall darf:

● Lebende Bäume fällen oder Zweige von ihnen abbrechen, geschützte Pflanzen pflücken oder ausgraben.

● Tiere, auch Rentiere, beunruhigen oder erschrecken. Man darf keine Vogeleier oder -brut mitnehmen oder beschädigen. Jagd- und Angelrechte fallen nicht unter das allgemeine Nutzungsrecht.

● Keine Abfälle in der Natur zurücklassen. Skandinavien ist zu groß, als daß man den Müll der Touristen einsammeln könnte. Man sollte Abfall auch nicht vergraben; denn Tiere könnten ihn wieder ausgraben. Außerdem verrottet Kunststoffmüll praktisch nicht.

● Abseits öffentlicher Wege und Straßen mit dem Auto fahren. Besonders das Fjäll ist zu wertvoll und zu empfindlich, um von Geländewagenspuren zerfurcht zu werden.

Unter ausländischen Touristen herrschen zum Teil sehr abenteuerliche Vorstellungen über die Freiheit, die ihnen das Jedermannsrecht vermeintlich einräumt. Broschüren in vielen europäischen Sprachen, die seit einigen Jahren in den Touristenbüros ausliegen, werden hoffentlich zur notwendigen Aufklärung beitragen können.

Informationen

Wichtiges Informationsmaterial, auch in deutscher oder englischer Sprache, kann man bei den nachfolgenden Organisationen und Verbänden anfordern. Allgemeine touristische Hinweise versenden die Fremdenverkehrsämter, die hier nicht aufgenommen sind.

Nationalparks und Naturschutz

Metsähallitus (Staatsforstverwaltung)
PL 233, SF-00121 Helsinki 12, Finnland

Finnish Forest Research Institute
Unioninkatu 40 A, SF-00170 Helsinki 17, Finnland

Statens naturvårdsverket
(Staatliches Amt für Umweltschutz)
Box 1302, S-171 25 Solna, Schweden

Domänverket (Staatsforstverwaltung)
S-791 81 Falun, Schweden

Svenska naturskyddsföreningen
(Schwedischer Naturschutzverein)
Box 4510, S-102 65 Stockholm, Schweden

Wandern:

Suomen Matkailulitto R. Y.
(Finnischer Touristenverband)
Mikonkatu 25, SF-00100 Helsinki 10

STF – Svenska turistföreningen
(Schwedischer Touristenverein)
Box 25, S-101 20 Stockholm, Schweden

Literatur

Diese Liste enthält nicht nur Literatur, die bei der Arbeit an diesem Buch Verwendung fand, sondern auch einige Bücher, die dem naturkundlich interessierten Reisenden in Schweden/Finnland wertvolle weiterführende Informationen liefern können.

Atlas över Sverige. Hrsg v. Sällskapet för Antropologi och Geografi. Kartografiska Institutet. Generalstabens Litografiska Anstalt, Stockholm. – Nationalatlas, hrsg. seit 1953 in Lfgn. (Text in Schwedisch mit engl. Zusammenfassung).

BERG, B.: Mein Freund der Regenpfeifer. Verlag Reimer/Vohsen: Berlin 1927.

BETZ, K.: Wanderwege in Skandinavien. Verlag F. Bruckmann: München 1984.

BINGMANN, I. u. C. GRUNDSTEN: Schwedische Nationalparks. Naturvårdsverket: Solna 1984.

BOBACK, A. W. u. D. MÜLLER-SCHWARZE: Das Birkhuhn. A. Ziemsen Verlag: Wittenberg Lutherstadt 1968.

BONIN, V. VON u. W. NIGG: Finnland. 2. Auflage. Kümmerly + Frey, Geographischer Verlag: Bern 1973.

BRINK, F. H. VAN DEN: Die Säugetiere Europas. Verlag Paul Parey: Hamburg 1975.

BRÜLL, H., LINDER A., LUTTEROTTI L. VON u. W. SCHERZINGER: Die Waldhühner: Naturgeschichte, Ökologie, Verhalten, Hege und Jagd. Verlag Paul Parey: Hamburg 1977.

BRUSEWITZ, G.: Sveriges natur – en resa i tid och rum. Svenska Naturskyddsföreningens årsbok: Stockholm 1984.

CORBET, G. u. D. OVENDEN: Pareys Buch der Säugetiere. Alle wildlebenden Säugetiere Europas. Verlag Paul Parey: Hamburg 1982.

FUKAREK, F., HEMPEL, W., HÜBEL, H., MÜLLER, G., SCHUSTER, R. u. M. SUCCOW: Pflanzenwelt der Erde. Urania Verlag: Leipzig 1979.

GJÆREVOLL, O. u. R. JØRGENSEN: Fjellflora. F. Bruns Bokhandels Forlag: Oslo 1977.

GLUTZ VON BLOTZHEIM, U. N. (Hrsg.): Handbuch der Vögel Mitteleuropas, 5. Akademische Verlagsgesellschaft. Frankfurt a. M. 1973.

GRZIMEK B. (Hrsg.): Grzimeks Tierleben – Enzyklopädie des Tierreichs. Deutscher Taschenbuch Verlag: München 1979.

HEPTNER, G. W. u. A. A. NASIMOWITSCH: Der Elch. A. Ziemsen Verlag: Wittenberg Lutherstadt 1967.

HERRE, W.: Rentiere. A. Ziemsen Verlag: Wittenberg 1956.

IMBER, W. u. W. TIETZE: Schweden. Kümmerly + Frey, Geographischer Verlag: Bern 1978.

KLAUS, S., BERGMANN, H.-H. u. a.: Die Auerhühner. A. Ziemsen Verlag. Wittenberg Lutherstadt 1986.

KOIVISTO, J.: Behaviour of the Black Grouse during the Spring Display. Finn. Game Res. 26, 1 – 60, 1965.

MAKATSCH, W.: Der Kranich. A. Ziemsen Verlag: Wittenberg Lutherstadt 1970.

MARKGREN, G.: Älgstammens explosionsartade tillväxt. Fauna och Flora 1, 1 – 48. 1973

PEDERSEN, A.: Der Moschusochse. A. Ziemsen Verlag. Wittenberg Lutherstadt 1958.

PETERSON R., MOUNTFORT, G. und P. A. D. HOLLOM: Die Vögel Europas. 14. Auflage. Verlag Paul Parey: Hamburg 1985.

REMMERT, H.: Ökologie. 3. Auflage. Springer-Verlag: Berlin 1984.

SCHULTE, B. u. B. BOCK: Nordschweden Reisehandbuch. 2. Auflage. Nordis Verlag: Essen 1989.

Schwedisches Landwirtschaftsministerium: Die Versauerung. Eine grenzenlose Bedrohung der Umwelt. (Erhältlich beim staatlichen Amt für Umweltschutz = Statens naturvårdsverket.)

SCHWIRTZ, N. u. W. WISNIEWSKI: Lappland – Landschaften, Tier- und Pflanzenwelt. Landbuch-Verlag: Hannover 1988.

SÖMME, A.: Die Nordischen Länder. Georg Westermann Verlag: Braunschweig 1974.

Svenska Naturskyddsföreningens årsbok 1985: Guide till naturen. Stockholm 1985.

TISCHLER, W.: Einführung in die Ökologie. 3. Auflage. Gustav Fischer Verlag: Stuttgart 1984.

TROBITSCH, J.: Schwedischer Abenteuer-Almanach. Umschau Verlag: Frankfurt a. M. 1982.

Värt att se i Sveriges natur. Bonnier Fakta bokförlag AB: Stockholm 1987.

WALTER, H. u. H. STRAKA: Arealkunde. 2. Auflage. Verlag Eugen Ulmer: Stuttgart 1970.

WEBER, S. u. I. WEBER: Nordeuropa Reisehandbuch 6: Nordschweden – Land der Samen. Nordis Verlag: Düsseldorf 1982.

Register

Fett gesetzte Seitenzahlen weisen auf Abbildungen hin.